【わかりやすい】

現地に寄り添うアジアビジネスの教科書

市場の特徴から「BOPビジネス」の可能性まで

黒田秀雄[編著]　川谷暢宏・関下昌代・森辺一樹・若林　仁[著]

東京　白桃書房　神田

はじめに

　私がシンガポール・マレーシアを初めて訪問したのは、約20年前。そのときの印象は、今でも強烈に記憶しています。
　近代的なシンガポールの街中では、人々の表情に、当時の日本にはなくなりつつあったバイタリティーを強く印象として受けました。
　また、車で移動したマレーシアでは、限りない青空の広がりと照りつける太陽の強烈な暑さが忘れられません。
　そして日本に帰国。前職のサラリーマン生活に戻って客先を訪問する途中、新宿の雑踏で多国籍の言葉が交わされるのを耳にすると、なぜかシンガポールで受けたアジアのバイタリティーを思い出しました。

　さて、読者の皆さんは、次の数字をご存じでしょうか。
　まず、自動車の生産台数。
　世界中で作られる自動車の約52％がアジア製です[1]
　次に、アジアの中間層（年間世帯所得3000〜2万ドル）の人口。
　2011年には17億7696万人でしたが、2020年では23億6238万人と予測されています。つまり、購買力のある中間層の人口の伸びが133％という高水準なのです。[2]

　このように成長著しいアジアに、日本企業は「どのように溶け込み、寄り添うことができるのだろうか？」という疑問を出発点として、この本は企画されました。
　そして、アジア進出を考えている企業のマネジメント層や現場担当者は、どのようにアジアを捉え、経営戦略を計画・実行していけばよいのか、その指針となることを目指しました。
　この本の目的は、次の4点に整理することができます。

❶アジア市場の特徴を知る

　日本は多民族国家ではない島国ですが、アジアはさまざまな顔をもっています。

　国境によって示された「国としての顔」、華人圏・イスラム圏・英語圏としての「文化圏の顔」、そして仏教・キリスト教・イスラム教などの「宗教による顔」などです。

　そもそも、アジアの中心をシンガポールとする考え方もあります。その意味でいえば、日本は北方の国です。このような視点で、日本はアジア諸国とどのように交わるべきなのでしょうか。

❷異文化環境でのマネジメントを理解する

　企業がアジアに進出する場合、昔のような「MADE IN JAPAN」が通用するでしょうか。

　アジアには、すでに欧米・韓国・中国の製品がマーケットを押さえています。また、現地の安価な製品も存在します。つまり、安くて高品質だからといって、必ずしも日本製品が優位だとはいえないのです。

　ところが、日本人は今でも昔の製品がアジアで通用するという錯覚に陥りやすいようです。

　アジア諸国での携帯電話の普及率を確かめてください。インフラが不十分であっても、携帯電話とインターネットは急速に普及しています。成長の流れが、かつての日本と同じではないことを認識しなければなりません。

　このような状況のなかで、現地法人をどのようにマネジメントしなければならないか、異文化コミュニケーションの観点からも考えてみましょう。

❸アジア進出の経営戦略を考える

　アジア進出における経営戦略は、どのように立てていく必要があるのでしょうか。「郷に入れば郷に従え」ではありませんが、日本で標準化された製品で間に合うのでしょうか。あるいは、現地化された製品で勝負に出るべきでしょうか。経営戦略とマーケティングの両方の視点から、アジア進出をを

具体的に考えていきましょう。

❹ BOPビジネスの可能性を探る

　アジアでは、中間層が増加しつつありますが、まだその下のBOP層（年間世帯所得3000ドル以下）が、消費者としては厚いのが実情です。
　JICAの民間連携制度を活用して「BOPビジネス」へ取り組むことは、アジアの消費者開拓・ブランド構築と、どのようにつながっていくのでしょうか。JICAの民間連携室の実務家からの鋭い視点と提言を紹介します。

　これらの目的について、いずれもその道のプロの方に執筆していただきました。とくにJICAの民間連携室の「BOPビジネスの現状」については、最先端の内容として圧巻です。
　本書が経営者やプロジェクト推進者の方々のお役に立つことを心から願っています。

黒田秀雄

注

1）世界全体の自動車生産台数は8414万1291台。そのうちアジアの生産台数は4371万81台。
2）ここでいうアジアとは、インド、中国、タイ、インドネシア、フィリピン、ベトナム、マレーシア、韓国、シンガポール、日本の合計10カ国。

わかりやすい　現地に寄り添うアジアビジネスの教科書 ◎ 目次

はじめに… i

第1章　アジア市場の特徴を見極める

いま、アジアが燃えている
── 激変するアジア市場でチャンスをつかむ　　　3

- 豊かな人口が成長を支える…3
- 教育水準の底上げで良質な労働力の宝庫…5
- 携帯電話とインターネットが急速に普及…6
- 急激な都市化でビジネスチャンスが拡大…9
- 都市化でインフラ需要が高まる…10

地殻変動が始まったアジア
── アジアに進出する前に知っておくこと　　　12

- 途上国経済の存在感が急上昇…12
- シンガポール・マレーシアは日本より上⁉…13
- 新中間層が世界の消費をリードする…14
- 各国で異なるビジネス環境の成熟度…16
- 国がインフラ輸出を後押しする…19
- 民間のインフラ開発ではここに注意！…21

ODAとタッグを組む
── ODAを通してアジアビジネスを考える　　24
- ODAによってビジネス環境が改善される…24
- ODA関連の人材は心強い助っ人…25
- ODAと民間企業の連携が本格化…26

アジアを理解するための2つの視点
── 地域経済圏と宗教でアジアビジネスを考える　　28
- ますます統合が進む地域経済圏…28
- 経済統合によるメリットは大きい…29
- アジアは宗教の「交差点」…30
- 「ハラール」と「ベジタリアン」に注目する…31

アジアの「リスク」を押さえておく
── 進出企業のリスクマネジメント　　33
- 多民族・多宗教におけるリスクとは何か？…33
- 政治的リスク──民族対立が火種…34
- 労働環境上のリスク──労働法は従業員側に有利…36
- 環境問題へのリスク──各国の規制基準がバラバラ…39

第2章 異文化環境で人をマネジメントする

まず「異文化」に慣れる
──コミュニケーションを成功させる「はじめの一歩」　43

- 異文化コミュニケーションを「当たり前」にする…43
- 職場で受けたカルチャーショック…44

異文化マネジメントの4つの鉄則
──これだけはやっていけないタブーと対処法　50

- 自国のやり方を押しつければ反発されるだけ…50
- 「言葉の壁」を前に立ちつくさない…51
- 「あ・うんの呼吸」は通じない…53
- 本国ばかりに目が向くのはリーダー失格…54

多様な人材を最大限活かす
──ダイバーシティ・マネジメントの実践　56

- ダイバーシティ・マネジメントとは何か？…56
- 多様性が尊重されない職場はアブナイ…58
- 「文化的能力指数」を高める…61
- 部下の動機づけが不可欠…62
- 「虫の目」で念入りに観察する…63

ダイバーシティ感覚を身につける
―― これで異文化コミュニケーションが得意になる!　　　　64

- ▶「違い」を楽しむことがコツ…64
- ▶ カルチャーショックは突然やってくる…65
- ▶ 食文化の違いを侮らない…65
- ▶ 非言語コミュニケーションを活用する…67

第3章　アジアに進出する企業の経営戦略

なぜ、経営戦略が必要なのか?
―― 海外のライバル企業は一歩進んでいる　　　　71

- ▶ 経営戦略に長けた韓国企業…71
- ▶ ホンダ二輪のアメリカ進出…72
- ▶ ホンダジェット成功の秘密…76

経営戦略の方向性を定める
―― 経営戦略策定の基本とツボ　　　　80

- ▶ 参入する国をマーケット分析する…80
- ▶ 先行する企業の商品を調査する…81
- ▶ 情報通信技術の活用による経営戦略…82

どんな市場を狙えばいいのか？
―― インドネシアとマレーシアにおける日本企業の挑戦　　84
- 市場と企業の持ち味を活かす…84

「標準化」か、「現地化」か？
―― グローバル・マーケティングの考え方　　88
- グローバル企業が選ぶのはどっち？…88

人の活かし方を間違えない
―― 進出企業が押さえておきたい人事と組織　　91
- 誰を社長のポストに座らせるか？…91
- 現地法人は4つのタイプに分かれる…93
- 進出先の雇用状況と労使問題…97
- 進出先の環境問題に配慮する…98

東南アジアにおけるマーケティング
―― アジア進出を成功させる決め技を知る　　99
- 「マーケティング力」を武器にする…99
- 複雑な流通構造を理解する…102
- ディストリビューターはこんなに大切！…110
- ディストリビューター管理のポイント…112

アジアの市場への投資をどう考えるか？
―― 中長期的な戦略と覚悟が不可欠　　114
- なぜ、日本企業は失敗するのか？…114

- 東南アジアのEC市場の現実…115
- 中長期の投資が必要…116

東南アジアにおける「売り方」の原則
── 販路構築のための調査と戦略　　　　　　　　118

- 「可視化」からすべてが始まる…118
- チャネル戦略の構築と実践…122
- コンサルタント会社の活用法…123
- ディストリビューターと契約する…125

第4章　BOPビジネスでアジア市場を開拓する

なぜBOPビジネスが重要なのか？
── ビジネスチャンスと社会的価値を追求する　　　　　　　　129

- BOPビジネスとは何か？…129
- BOPビジネスの考え方…133
- 数字では見えてこないBOP層の実態…136
- 「開発課題」から読むビジネスチャンス…140

BOPビジネスには支援制度がある
── 民間企業と開発援助機関はパートナー　　　　　　　　143

- 開発援助機関にとってBOPビジネスとは？…143
- 日本におけるBOPビジネス支援制度…145

アジアのBOPビジネスに挑む
―― リスキーな事業を成功させる　　　　　　　　　　　147

- 楽観できないBOP市場はアジアの潜在力…147
- JICAのBOPビジネス支援からの教訓…148
- 社内におけるBOPビジネスの位置づけ…149
- 現地のニーズや「ウォンツ」に合ったビジネスモデル…158
- 適切な事業パートナーとのマッチング…170
- 資金確保をめぐる課題と解決策…180
- 法規制の克服・政府との関係…185
- BOP層の啓蒙・育成…186

インパクト投資でチャンスが増える
―― 経済性と社会性を両立させる投資活動　　　　　　　189

- インパクト投資とは何か？…189
- インパクト投資の考え方、手法とプレーヤー…192
- BOPビジネスの開発効果測定に向けて…195

日本発BOPビジネスの飛躍へ
―― 日本企業と公的支援の強みを発揮する　　　　　　　197

- 日本におけるBOPビジネス支援の方向性…197
- BOPビジネスのナレッジベースの広がりを活かす…198

おわりに…201
主な参考文献…208

第**1**章

アジア市場の特徴を見極める

ダイナミックな成長を遂げるアジアの「光と影」

　私が初めてアジアを見たのは学生で旅行した1998年。ちょうどアジア通貨危機から1年後でした。学生時代はインド・グジャラート州アーメダバード市のNGOでインターンを経験し、庶民の暮らしを見るという貴重な経験をしてきました。

　その後、入構した国際協力機構では、ネパール・ブータンや運輸交通プロジェクトの担当、パキスタンでの駐在、PPPインフラを含む民間企業との連携案件を担当し、出張を含めて数十回、東南アジア、南アジアを見てきました。

　そのなかで実感したのは、成長スピードの速さです。過去10年から20年の間に、地下鉄や高速道路などのインフラは急速に開発されています。また、携帯電話やインターネットはここ10年で広く普及し、情報の格差も非常に小さくなっています。アジアの国々では、街中に携帯電話の広告があふれ、スマートフォンでFacebookを見る若者もよく見かけます。

　先日、私は十数年ぶりに、学生時代に住んでいた上述のアーメダバードを訪れましたが、公共交通システムが発達しただけでなく、ショッピングモールや高級マンションがあちこちに建設されていました。また、バイクに乗っていた人が車に乗るようになり、携帯電話通信網が発達するなど、ダイナミックな変化を目の当たりにして、感動するばかりです。

　このように経済がダイナミックに成長する一方で、ビジネスの現場では課題も少なくありません。たとえば、諸手続の煩雑さや汚職など、ビジネスの障害となる制度や慣習もあります。私もベトナムをはじめとして、アジア諸国の政府とインフラ事業などにおける数多くの交渉を行ってきましたが、日本流の考え方が通じずにフラストレーションを感じることが少なからずありました。

　この章では、ダイナミックなアジアのビジネス環境について、マクロな視点からチャンスとリスクの両面を見ていきましょう。

(川谷暢宏)

いま、アジアが燃えている
——激変するアジア市場でチャンスをつかむ

▶豊かな人口が成長を支える

　まず、アジア市場を知るうえで重要な人口の特性を見てみましょう。

　現在、世界における人口は2012年現在、69億1600万人ですが、うち**東アジア・東南アジア・南アジアの合計は38億7207万人であり、世界人口の55%**を占めています。そのなかで、東南アジアの人口だけを見ても5億9709万人にのぼっており、世界人口の約8%に達しています。

　また、人口成長率に注目すると、先進国の人口成長率0.4%に対し、東南アジア・南アジアの人口成長率は軒並み高くなっています。ASEANのなかでも「先発」といわれるタイは低下傾向にあるものの、その他の国ではほとんど世界平均より高くなっています。

　実数で見ても、日本は2015年頃にピークを迎え、その後は減少に転じると国連が予測するなか、今後約30年で人口のピークを迎える新興国は中国とタイだけ。それ以外の国については、引き続き一定の増加が見込まれます。

　この**豊かな人口ベースは「人口ボーナス」として経済を押し上げる**効果も期待できます。

　さらに人口ピラミッドを見ても、日本はいわゆる「釣鐘型」で成長の先細りが懸念されますが、東南アジアの多くはピラミッドから釣鐘型への移行期にあります。つまり、良質な労働者、流行に敏感な消費者としての十代後半から二十代の人口が多いのです。

　ASEANや南アジア諸国も、いずれは高齢化のフェーズを迎えるでしょうが、人口成長率から見る限り、今後数十年間は有望な市場だといえるでしょう。

アジアの人口

(2010年, 単位:千人)

	2010	2015	2020	2025	2030	2035	2040
中国	1,359,821	1,370,124	1,386,420	1,391,047	1,383,344	1,366,365	1,340,199
日本	127,353	125,887	124,509	122,528	120,157	117,677	115,127
バングラデシュ	151,125	148,692	158,581	167,819	176,166	183,354	188,888
インド	1,205,625	1,224,614	1,307,117	1,384,308	1,453,254	1,514,847	1,565,453
カンボジア	14,365	14,138	14,993	15,831	16,566	17,141	17,582
インドネシア	240,676	239,871	251,181	260,754	268,404	274,226	278,464
ラオス	6,396	6,201	6,633	7,060	7,446	7,777	8,030
マレーシア	28,276	28,401	30,688	32,930	35,105	37,165	39,011
ミャンマー	51,931	47,963	49,775	51,361	52,565	53,288	53,507
フィリピン	93,444	93,261	101,299	109,431	117,551	125,573	133,074
シンガポール	5,079	5,086	5,373	5,594	5,800	5,984	6,117
タイ	66,402	69,122	70,938	72,132	72,836	73,066	72,927
ベトナム	89,047	87,848	92,489	96,490	99,564	101,823	103,375

出典:United Nations, Department of Economic and Social Affairs, World Population Prospects: The 2012 Revisionをもとに作成。

東南アジア・南アジア諸国の人口成長率

	1980-1985	1985-1990	1990-1995	1995-2000	2000-2005	2005-2010
中国	1.5	1.9	1.2	0.7	0.6	0.6
日本	0.7	0.4	0.4	0.2	0.2	0.1
バングラデシュ	2.7	2.6	2.2	2.0	1.6	1.1
インド	2.2	2.1	1.9	1.7	1.6	1.3
カンボジア	3.0	3.0	3.5	2.5	1.8	1.5
インドネシア	2.2	1.9	1.7	1.5	1.4	1.4
ラオス	2.5	2.9	2.8	2.0	1.4	2.0
マレーシア	2.6	2.9	2.6	2.4	2.0	1.8
ミャンマー	2.2	1.8	1.5	1.3	0.7	0.7
フィリピン	2.7	2.6	2.3	2.2	2.0	1.7
シンガポール	2.3	2.2	2.9	2.4	2.7	2.4
タイ	1.9	1.7	0.8	1.1	1.0	0.3
ベトナム	2.3	2.2	2.0	1.2	1.0	0.9
世界平均	1.8	1.8	1.5	1.3	1.2	1.2
先進国	0.6	0.6	0.4	0.3	0.4	0.4

出典:United Nations, Department of Economic and Social Affairs, World Population Prospects: The 2012 Revisionをもとに作成。

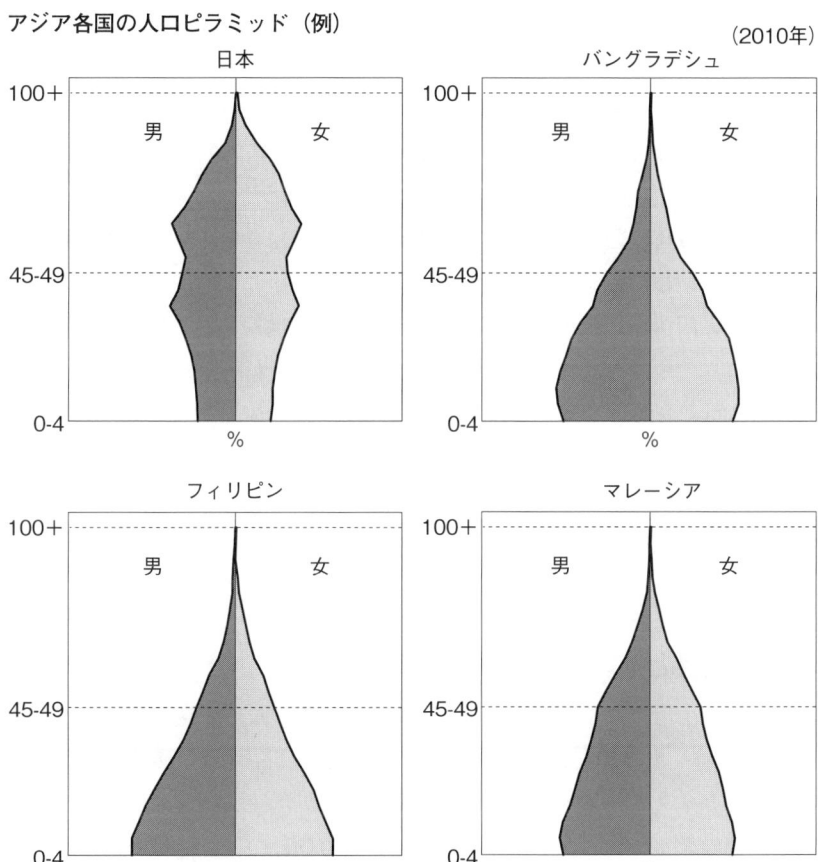

出典：http://populationpyramid.netをもとに作成。

▶ 教育水準の底上げで良質な労働力の宝庫

アジアでは人口が増加していますが、さらに注目すべきことは、人々の「質」が向上していることです。

国連開発計画（UNDP）は、各国について平均余命、識字率、就学率、国内総生産からなる「人間開発指数（Human Development Index, HDI）」を計算・発表していますが、UNDPの2013年度版「人間開発報告書」によれば、**途上国の人間開発指数は1990年から大幅に向上**しています。

次ページの表は、アジア各国の人間開発指数および社会面での指数を表しています。これを見ると、各国ともに約20年前の数値から大幅に上昇していることがわかります。

人間開発指数においては、0.8以上が最高位国、0.712以上が高位国、0.536以上が中位国といわれていますが、東南アジアでは**シンガポールが最高位国、マレーシアが高位国に入っており、それ以外の国もミャンマー以外は中位国**にランクインしています。

また、人間開発指数の成長率もASEAN諸国では1%という高い数字を達成しており、今後も人的資源としての「質」の向上が期待されています。

たとえば教育の面では、東南アジア諸国ではほとんどの国において識字率が9割以上と高く、平均就学年数、中等教育の修了の年数においても、世界平均に比べて高い数字を達成しています。これは、良質な労働力の宝庫として大きな可能性を秘めていることを示唆しています。

▶ 携帯電話とインターネットが急速に普及

途上国の生活スタイルも変化していますが、そのなかで見落とせないのが情報化です。過去20年間において、日常生活に最も影響を及ぼしたものに携帯電話とインターネットが挙げられます。

途上国の人々が貧困から抜け出せない原因のひとつに、情報の格差があります。言い換えれば、情報通信技術は貧困層が経済的に成長し、社会的な力をもつうえで大きな役割を担っているのです。

2009年のイランにおける反政府運動、2010年に始まるアラブの春が、Facebookを通して広まったことは記憶に新しいでしょう。途上国における情報伝達のスピードは、以前に比べて格段に速くなっているのです。

また、携帯電話を使った送金システムによって金融アクセスの格差が解消したり、SMS（ショートメッセージサービス）を使った農村情報サービスが農家の収入向上に結びつくなど、携帯電話が貧困層の生活改善、所得改善に貢献する例はたくさんあります。

2008年ごろを境にアジアの多くの国で3Gネットワークが導入され、モバ

アジア各国の人間開発指標

	人間開発指数 上段：2012年 下段：1990年	人間開発指数成長率 上段：2000年-12年 下段：90年-2000年	成人識字率 （%, 2010年）	平均就学年数 （年, 2010年）	教育機関修了率 （%, 2011年）		
					初等教育修了	中等教育	高等教育
バングラデシュ	0.515	1.46	56.8	4.8	-	-	10.6
	0.361	1.83					
カンボジア	0.543	1.68	77.6	5.8	127	46	7.8
	-	-					
中国	0.699	1.42	94.3	7.5	111	81	25.9
	0.495	1.78					
インド	0.554	1.5	62.8	4.4	118	60	16.2
	0.41	1.23					
インドネシア	0.629	1.28	92.6	5.8	118	77	23.1
	0.479	1.21					
日本	0.912	0.32	-	11.6	103	102	59
	0.837	0.48					
ラオス	0.543	1.53	72.7	4.6	121	45	13.4
	0.379	1.8					
マレーシア	0.769	0.64	93.1	9.5	96	68	40.2
	0.635	1.15					
ミャンマー	0.498	2.23	92.3	3.9	126	54	11
	0.305	2.27					
フィリピン	0.654	0.58	95.4	8.9	106	85	28.9
	0.581	0.49					
シンガポール	0.895	0.67	96.1	10.1	101.8	106.9	71
	0.756	0.89					
タイ	0.69	0.82	93.5	6.6	91	79	47.7
	0.569	0.94					
ベトナム	0.617	1.22	93.2	5.5	106	77	22.3
	0.439	1.98					
世界平均	0.694	0.68	81.3	7.5	107.9	71.2	28.7
	0.6	0.64					

出典：人間開発報告書2013をもとに作成。

電話，インターネット，ブロードバンドの加入者数

	100人当たりの 固定電話・携帯電話加入者数			100人当たり ブロードバンド 加入者数			100人当たり インターネット 使用者数		
	2008	2009	2010	2008	2009	2010	2008	2009	2010
バングラデシュ	31.6	36.7	46.8	0	0	0	2.5	3.1	3.7
カンボジア	31	45.2	60.2	0.1	0.2	0.3	0.5	0.5	1.3
中国	74.1	79.7	86.2	6.2	7.8	9.4	22.7	29	34.4
インド	32.3	46.5	64.3	0.4	0.6	0.9	4.4	5.1	7.5
インドネシア	72.8	81.4	107.5	0.4	0.7	0.8	7.9	8.7	9.9
日本	124.4	124.9	126.4	23.8	25	26.9	74.7	77.4	77.6
ラオス	35.7	54.6	66.2	0.1	0.1	0.2	3.6	6	7
マレーシア	117.2	124	135.3	4.8	6	7.3	55.8	55.9	56.3
ミャンマー	1.8	2.2	2.5	0	0	0	0.2	0.2	-
フィリピン	80.1	89.8	92.9	1.2	1.9	1.8	6.2	9	25
シンガポール	171.3	176.8	184.8	21.5	23.7	24.9	68	68.4	71.1
タイ	101.4	106.5	113.6	-	-	4.6	18.2	20.1	21.2
ベトナム	105.3	134.4	196	2.4	3.7	4.1	24.2	26.8	27.9
世界平均	78.2	85.8	95.2	6.1	6.9	7.7	23.3	26.3	30

出典：UNDP「人間開発報告書2013」。

イルルーターやスマートフォンなどを通じたブロードバンド通信が可能になっています。

　上表は、アジア諸国における固定・携帯電話、インターネット、ブロードバンドの加入者数を示しています。ブロードバンドの加入者については2010年の時点ではまだ限定的ですが、**携帯電話やインターネットの加入者は後発ASEAN諸国において爆発的に増えています**。

　また、ソーシャルネットワークへの加入率も高まっています。インターネットの使用者数でこそ日本のほうが勝っていますが、**Facebookの使用率では後発ASEAN諸国の高まりが目立っています**。Facebookの加入者数や人口比に注目してみれば、よくわかるでしょう（次ページ表参照）。

　これはアジアの若年層が厚く、スマートフォンがアジア諸国においても普及し始めていることが背景にあります。東南アジアの市場を攻略するために

Facebook加入者数 (2012年)

	加入者数	人口比		加入者数	人口比
バングラデシュ	3,352,680	2.1%	ラオス	255,880	3.9%
カンボジア	742,220	5.0%	マレーシア	13,589,520	46.6%
中国	633,300	0.1%	フィリピン	29,890,900	28.8%
インド	62,713,680	5.2%	シンガポール	2,915,640	54.5%
インドネシア	51,096,860	20.6%	タイ	17,721,480	26.4%
日本	17,196,080	13.5%	ベトナム	10,669,880	11.7%

出典：Internet Worlds Stats　http://www.internetworldstats.com/

は、テレビなどの従来型のメディアだけでなく、ソーシャルネットワークを活用することも戦略として必要になるのではないでしょうか。

▶急激な都市化でビジネスチャンスが拡大

次は、国内の人の動きに目を向けてみましょう。

途上国の人口移動のひとつの特徴として、急激な都市化があります。アジアの都市人口は、その割合では世界平均に比べて低いものの、その成長率を見ると世界で最も高くなっています。

とくに、ASEANのなかでも経済成長率の高いベトナムやインドネシアは過去約10年で20%以上の人口増加を示しています。このような急速な都市化の結果、**2030年にはアジアにおける都市人口比率は50%を超える**と、国連では推測しています。

都市化のメリットとしては、人材、設備、知識、資本、インフラが都市に集積することによる「**集積の経済**」の発生があります。企業がアジアに進出するうえでは、優秀な人材の確保、サプライチェーンの構築、マーケティングなどさまざまな課題がありますが、都市化が進むことによってこれらの活動が容易になると期待されるのです。

東南アジアの多くの国では、工業団地や特別経済地域（Special Economic Zone）の整備が進められており、裾野産業も発達してきています。

また、都市での消費が多様化することによる「**市場の多様化**」もメリット

のひとつです。多様かつ異なる主体が隣接することで、さまざまな情報へのアクセスが可能になり、雇用形態の幅も広がります。

中国や東南アジアにおいては、大都市に質の高い人的資本が集中することで都市の成長性が高められています。

▶ 都市化でインフラ需要が高まる

都市化に伴うメリットがある反面、デメリットも存在します。

アジアにおける都市の成長があまりに急速であるため、都市計画の立案やその実現に向けた財政措置、インフラ対策を十分に進められないケースは少なくありません。その結果、公共交通網・道路の未整備と急速な自動車の増加による交通渋滞や環境問題を引き起こしたり、電気・上下水道などのライフラインが整備されないといった問題を多くの都市が抱えています。

また、都市には地方の貧困層も多く流入しているため、所得格差、貧困問題、都市のスラム化といった問題にアジアの大都市の多くが直面しています。

しかし、このような**都市化による弊害を逆手にとることで、ビジネスチャンスが生まれる**ことも事実です。

日本や世界銀行、アジア開発銀行といった国際機関などは、借款を中心として譲許的資金による都市インフラの整備を行っています。日本政府は現在、インフラの海外輸出戦略を積極的に推進しています。

このような流れのなかで、円借款、無償資金協力といった日本のODAなどの活用により、官民が一体となってインフラ整備に参加しやすい環境が構築されつつあります。

一方、途上国政府においては、インフラや公共サービスに民間資金を呼び込むためのPPP（官民連携、Public Private Partnership）の関連法案を施行し、**PPP専門の政府機関を設立するなど、積極的に民間資金の呼び込みを行っています**。自国のインフラニーズを、すべて政府の開発予算で賄うことは不可能だからです。

また、スラム化は都市問題として捉えられがちですが、スラムに居住する人々を含む貧困層を対象とした「BOP（Base of the Pyramid）ビジネス」は、

アジア諸国の都市人口比率

	2000年	2005年	2012年	成長率 (2000年-2012年)
バングラデシュ	23.6	25.6	28.9	22.5
カンボジア	18.6	19.2	20.1	8.1
中国	35.9	42.5	51.9	44.6
インド	27.7	29.2	31.6	14.1
インドネシア	42	45.9	51.5	22.6
日本	78.6	86	91.9	16.9
ラオス	22	27.4	35.4	60.9
マレーシア	62	67.6	73.5	18.5
ミャンマー	27.2	29.4	33.2	22.1
フィリピン	48	48	49.1	2.3
シンガポール	100	100	100	0.0
タイ	31.1	32.2	34.4	10.6
ベトナム	24.4	27.3	31.7	29.9
世界平均	46.6	49	52.4	12.4

出典：人間開発報告書2013をもとに作成。

競合相手が少ない「ブルーオーシャン」の市場としての可能性があります。

　従来、貧困層は多くの外国企業・多国籍企業から「取るに足らない、儲からない対象」として捉えられてきましたが、2000年代に入ってからは認識に変化が見られます。**BOP層こそ、新たな中間層となって消費・生産の双方で経済を支える**人々であると考えるようになったのです。

　そして、彼らが「貧困層」に位置するときから、社会貢献および将来的なビジネスの対象として積極的にマーケティングすることで、ビジネスチャンスをつかむことができるでしょう。

　なお、PPPインフラ、BOPビジネスについては、後ほど詳しく説明します。

地殻変動が始まったアジア
―― アジアに進出する前に知っておくこと

▶途上国経済の存在感が急上昇

　数十年前まで、経済の南北格差は相当大きなものでした。しかし、発展途上国の経済は飛躍的かつ急速に成長しています。

　1980年、途上国の貿易が世界の貿易に占める割合は25％しかありませんでしたが、2010には47％を占めるまでになりました。世界の総生産に占める割合も、1980年には33％だったのが45％まで上昇しています。

　2001年、ゴールドマンサックスが「Building Better Global Economic BRICs」を発表して以来、ブラジル、ロシア、インド、中国のBRICsを中心とする新興国市場に投資家の注目が集まったことも、南北格差の縮小に一役買っています。

　途上国への資金のフローを見ても、途上国に対して注目が集まってきたことがわかります。

　20年前までは、先進国にとって途上国は貿易の相手というより、政府開発援助（ODA）の対象であり、ODAの資金が占める割合が一番大きくなっていました。ところが1990年代、援助機関の間でいわゆる「援助疲れ」が起き、ODAの額は増えませんでした。

　その一方で、民間投資の金額が飛躍的に伸びました。2000年代初頭のITバブルの崩壊や、2008年のリーマンショックなどにより、資金が一時的に激減することはあるものの、おおむね順調な成長を遂げています。

　また、民間セクターによる投資だけではなく、人々の移動がグローバル化するなかで、海外出稼ぎ者からの送金も増えています。アジアでも**フィリピンやバングラデシュのように、出稼ぎによる海外からの送金がGDPの10％**

アジア各国のGDP成長率，一人当たりGDP

	GDP成長率 (2012年, %)	1991年〜2012年 平均GDP成長率	一人当たりGDP (2012年, ドル)
バングラデシュ	6.3	5.4	597.5
カンボジア	7.3	7.7	671.6
中国	7.8	10.0	3,348.0
インド	3.2	6.4	1,106.8
インドネシア	6.2	5.1	1,731.6
日本	1.9	1.1	36,938.0
ラオス	8.2	6.8	707.2
マレーシア	5.6	6.0	6,764.5
フィリピン	6.8	3.9	1,501.1
シンガポール	1.3	6.4	33,988.5
タイ	6.5	4.7	3,352.5
ベトナム	5.0	7.2	931.0

出典：World Bank Development Indicators　http://databank.worldbank.org

近くを占める国もあります。そのような国における消費力は、単純に一人当たりGDPでは測れない側面もあります。

▶シンガポール・マレーシアは日本より上!?

　過去20年間に世界経済は飛躍的に成長しましたが、東南アジアに焦点を当ててみるとどうでしょうか。

　アジアでは過去20年で、平均5％近いGDP成長率を達成している国が多くなっています（上表参照）。1997年のアジア通貨危機で東南アジアの経済は大打撃を受けたものの、その後は順調な経済成長を遂げています。

　2008年のリーマンショックの際は、タイ、マレーシアといった中進国が影響を受けましたが、その後、GDP成長率はプラスに転じています。**先進国の多くがリーマンショックの衝撃から完全に脱しきれないなかで、アジアが世界の経済を引っ張っていく**という構図には期待が集まります。

　また、東南アジアの諸国は、経済成長という側面だけでなく、国家として

アジア各国の競争力順位

	世界経済フォーラム	IMD
バングラデシュ	110	
カンボジア	88	
中国	29	21
インド	60	40
インドネシア	38	42
日本	9	24
ラオス	81	

	世界経済フォーラム	IMD
マレーシア	24	15
ミャンマー	139	
フィリピン	59	38
シンガポール	2	5
タイ	37	27
ベトナム	70	

出典：World Economic Forum "The Global Competitiveness Index 2013-2014" および IMD "The World Competitiveness Scoreboard 2013"。

の競争力も高めています。

　世界経済フォーラムの順位でこそ、日本より競争率の高い国はシンガポールだけですが、スイスのビジネススクールである**IMDが発表したランキングでは、シンガポールのみならずマレーシアの順位も日本より高くなっています**（上表参照）。

　フィリピン、インドネシア、タイの順位も比較的高位にあり、IMDの評価でいえば、これらの国々は、スペイン、イタリアなどよりも高い順位につけています。

▶ 新中間層が世界の消費をリードする

　2001年からBRICsを中心とした投資ブームが起き、飛躍的な経済成長を遂げたひとつの理由に、新興国における中間層が占める割合が高まり、可処分所得が増えたことがあります。

　ブルッキンス研究所のカラスとガーツは、世界的な所得階層の変化を調査しました。それによると10年前、途上国において経済を牽引していたのは一部の富裕層であることがわかります。今ほど中間層は厚くなく、経済は二層化していたのです。

　ところが、この10年で貧困層から中間層になる人口の割合が増えつつあり、

中間層の消費

(単位：10億ドル)

		2009			2020			2030	
1	米国	4,377	21%	中国	4,468	13%	インド	12,777	23%
2	日本	1,800	8%	米国	4,270	12%	中国	9,985	18%
3	ドイツ	1,219	6%	インド	3,733	11%	米国	3,969	7%
4	フランス	927	4%	日本	2,203	6%	インドネシア	2,474	4%
5	英国	889	4%	ドイツ	1,361	4%	日本	2,286	4%
6	ロシア	870	4%	ロシア	1,189	3%	ロシア	1,448	3%
7	中国	859	4%	フランス	1,077	3%	ドイツ	1,335	2%
8	イタリア	740	3%	インドネシア	1,020	3%	メキシコ	1,239	2%
9	メキシコ	715	3%	メキシコ	992	3%	ブラジル	1,225	2%
10	ブラジル	623	3%	英国	976	3%	フランス	1,119	2%

出典：Kharas & Gertz（2010）。

その存在感が目立つようになりました。

　また、全世界の中間層の割合を見てみると、2009年の時点では欧米の先進国が中間層の多くを占めていました。しかし今後20年を見ると、アジアにおける中間層の伸びが非常に大きいと考えられます。

　2009年において、全世界の中間層のうちアジアが占める割合は2割強に過ぎませんでしたが、**2030年には全世界の中間層の約6割をアジアの中間層が占める**と予想されています。

　中間層の消費の額についても、2009年時点でトップ10に入っているアジア諸国は日本と中国だけで、ほとんどの消費は欧米先進国の中間層によって占められています。

　ところが、2020年にはインドとインドネシアがトップ10に入り、さらに2030年にはインド、中国、インドネシアがトップ5に入って、世界の消費をリードすることが予想されています。

　経済産業省が2012年に発表した「新中間層獲得戦略」報告書においても、これらの国々では2010年から2020年の間に食品や衣料品に限らず、健康・医療品サービス、レジャー・娯楽などさまざまな財の消費が平均で約3倍伸びると予測しています。

　日本企業の多くは新興国の市場を狙うとき、富裕層に目が向きます。そこ

には、いわゆるプロダクトアウトの発想が中心でした。中間層、そして将来的に中間層に成長する貧困層のニーズを捉えて、マーケットに参入することは稀でした。

しかし、サムソンやLGといった韓国企業は、将来的に中間層が飛躍的に増えることを見越して、いち早くこれらの市場に注目しました。庶民のニーズに応えるプロダクトを設計し、マーケティングを展開していったのです。その結果、インドなどの新興国市場において中間層の心をつかみ、大きなマーケットを獲得することに成功しています。

早い段階で「新中間層」のニーズに合致した商品を提供し、彼らのマーケットでブランドが浸透すれば、将来的に可処分所得が増大したとき、より大きなマーケットを獲得することも可能になるでしょう。

▶ 各国で異なるビジネス環境の成熟度

一国のビジネス環境を測る指標として、世界銀行が発表している「Doing Business」があります。Doing Businessでは、インフラ、制度、商慣行といったさまざまな角度からビジネスのやりやすさを定量的に指標化し、各国をランキングしています。

次ページの表をご覧ください。**シンガポール、マレーシア、タイといった先進・中進国のランキングが日本より高くなっています**。つまり、これらの国々では、日本以上にビジネスがやりやすいというわけです。

しかしその一方で、それ以外の国のランキングは決して高くありません。高い経済成長率とは裏腹に、ビジネス環境として未成熟な部分も残っていることを表しており、ビジネスを展開するうえで注意が必要です。

18ページの表は、アジア各国のビジネスのしやすさに関する指標です。シンガポールやマレーシアといったDoing Businessランキングの高い国に比べ、**その他の東南アジア諸国では法的な権利の確保や手続きといった面で時間やコストがかかる**ことがよくわかります。

また、インフラにおいても、電気の引き込みに時間がかかることが問題として挙げられます。

アジア諸国のDoing Businessランキング　　　　　　　　　　　　　　　（2013年）

バングラデシュ	130	日本	27	シンガポール	1
カンボジア	137	ラオス	159	タイ	18
中国	96	マレーシア	6	ベトナム	99
インド	134	ミャンマー	182		
インドネシア	120	フィリピン	108		

出典：World Bank 2013, Doing Business 2013.

　さらに、世界銀行のDoing Business調査では、政府の効率性、汚職といった側面にも調査結果を公表しています。

　毎年、すべての項目について調査が実施されているわけではないので、各国間の単純比較はできませんが、過去7年間の数字では、後発ASEAN諸国のなかで税金関係当局に贈賄（物品）をした企業の割合は、ベトナム33%（2009年）、フィリピン22%（2009年）、カンボジア54%（2007年）、中国60%（2007年）、インドネシア14%（2009年）などとなっています。

　こうした状況を見ると、「目に見えない障壁」が少なからず残っていることがわかります。

　汚職については、「Transparency International」が発表している汚職度調査も参考になります（19ページ表参照）。

　これを見ると、シンガポール、マレーシアといった先発ASEAN諸国では汚職への対策が進んでいます。

　しかし、他のアジア諸国では十分な対応ができていないようです。「賄賂を支払った」という回答数の割合が高く、「2007年からの3年間でその金額が増えた」という回答も目立っています。

　総じて見れば、**早い段階で経済成長を遂げた国では、制度やビジネスにかかるコスト、税金などで非常に有利**になっています。

　一方で、**後発ASEAN諸国は人口、年齢、製造にかかる人件費などで有利**な点はあるものの、制度、法律、インフラといった面で不利な点も多く、こうした現実を考慮に入れておく必要があるでしょう。

アジア各国のビジネスのしやすさ（Doing Business）指標

（2013年）

	ビジネス開始にかかる費用（1人当たり国民所得比）	ビジネス開始にかかる手続きの数	ビジネス開始にかかる日数	コンテナ当たり輸出費用（ドル）	コンテナ当たり輸入費用（ドル）	労働関係税金（営業利益比）	税金額（営業利益比）
バングラデシュ	19.9	7	10.5	1075	1470	0	35
カンボジア	150.6	11	104	795	930	0.1	21.4
中国	2	13	33	620	615	49.6	63.7
インド	47.3	12	27	1170	1250	20.7	62.8
インドネシア	20.5	10	48	615	660	10.8	32.2
日本	7.5	8	22	890	970	17.9	49.7
ラオス	6.7	6	92	1950	1910	5.6	26.8
マレーシア	7.6	3	6	450	485	15.6	36.3
ミャンマー	176.7	11	72	670	660	0	48.9
フィリピン	18.7	15	35	585	660	10.8	44.5
シンガポール	0.6	3	2.5	460	440	17.6	27.1
タイ	6.7	4	27.5	595	760	4	29.8
ベトナム	7.7	10	34	610	600	23.7	35.2

	税金支払いの件数	契約締結に要する手続きの数	不動産登記に要する日数	破産を解決するのに必要な年数	電気引き込みに要する日数	情報の信頼度指数（6＝最高）	法的権利指数（10＝最高, 1＝最低）
バングラデシュ	20	41	245	4	404	2	7
カンボジア	40	44	56	6	168	4	8
中国	7	37	29	1.7	145	5	5
インド	33	46	44	4.3	67	5	8
インドネシア	52	40	22	4.5	101	4	5
日本	14	31	13	0.6	105	6	7
ラオス	34	42	98		134	2	4
マレーシア	13	29	14	1.5	32	6	10
ミャンマー	31	45	113	5	91	0	4
フィリピン	36	37	39	2.7	42	5	4
シンガポール	5	21	5.5	0.8	36	5	10
タイ	22	36	2	2.7	35	5	5
ベトナム	32	36	57	5	115	4	8

出典：World Bank 2013「Doing Business 2013」より作成。

アジアにおける汚職の度合い

	2013年度ランキング		賄賂を支払った回答割合（2010年）	2007年〜10年の汚職		
	順位	スコア		増加	変わらず	減少
バングラデシュ	136	27	70%	46%	18%	36%
カンボジア	160	22	83%	43%	27%	30%
中国	80	40	9%	46%	29%	25%
インド	94	36	54%	74%	16%	10%
インドネシア	114	32	18%	43%	30%	37%
日本	18	74	9%	46%	40%	14%
ラオス	140	26				
マレーシア	53	50	9%	46%	35%	19%
ミャンマー	157	21				
フィリピン	94	36	16%	69%	25%	6%
シンガポール	5	86	9%	38%	33%	28%
タイ	102	35	23%	29%	32%	39%
ベトナム	116	31	44%	63%	19%	18%

出典：Transparency International（2013）。

▶国がインフラ輸出を後押しする

　10ページで簡単に触れましたが、ここで改めてアジアのインフラ整備について述べたいと思います。

　アジアの都市を見てみると、上下水道、廃棄物処理、交通などさまざまなインフラの整備が経済や人口の成長に追いつかない状況にあります。

　国全体で見ても、鉄道や道路といった物流インフラの整備の遅れが産業振興の足かせになっています。

　電力も同様です。東南アジア諸国の多くは電化率こそ90％以上に達していますが、人口の増加や生活パターンの変化による電力需要の増加により、電力需給は逼迫しています。

　南アジアでも電力不足は深刻です。2012年7月、インドで起きた2日間の大停電は記憶に新しいでしょう。

　途上国におけるインフラに関し、アジア開発銀行（ADB）は、**2010年〜**

2010年～2020年のアジアにおけるインフラ需要推計

(単位：百万ドル)

分野		新規	更新	合計
電力		3,176,437	912,202	4,088,639
通信		325,353	730,304	1,055,657
	携帯電話	181,763	509,151	690,914
	固定電話	143,590	221,153	364,743
交通		1,761,666	704,457	2,466,123
	空港	6,533	4,728	11,260
	港湾	50,275	25,416	75,691
	鉄道	2,692	35,947	38,639
	道路	1,702,166	638,366	2,340,532
上下水		155,493	225,797	381,290
	下水	107,925	119,573	227,498
	上水	47,568	106,224	153,792
合計		5,418,949	2,572,760	7,991,709

出典：ADB & ADBI（2009）。

2020年で新規・更新を含めて、合計約8兆ドルのインフラ需要があると推計しています。

　しかし、途上国政府の開発予算には限りがあります。これまで途上国の多くは、ODAによる無償援助、借款などを活用してインフラを整備してきましたが、インドネシアなど多くの国が債務の削減に努め、援助機関からの資金の借り入れを減らしています。その結果、資金のギャップは年間数千億ドル単位となっています。

　こうしたなか、アジアの国の多くは民間資金の活用、すなわちPPP（Public-Private Partnership）によるインフラ開発を進めており、PPPに関する制度も過去20年の間に徐々に整備されてきています。

　日本では、政府が一丸となってインフラの海外輸出戦略を進めています。
　国際協力機構（JICA）も、2010年より協力準備調査（PPPインフラ事業）制度を通じて、本邦民間企業による事業実現のためのフィージビリティスタディを支援したり、2012年には民間セクター向けの出融資機能をもつ海外投融資を再開するなど、インフラ輸出に向けたさまざまな制度を拡充して

アジアにおけるPPP関連法令の整備状況

国名	状況
タイ	1992年にPPSU（Act of Private Participation in State Undertakings）が制定されているが，現在新たなPPP法の制定中。2009年にガイドラインが発行されている。競争入札前提。リスク分担，資金調達方法，事業の選定方法について曖昧な状態になっている。
ベトナム	2005年に共通投資法，2007年にBOT法（2009年に改正），2010年にPPPパイロット法が制定。現在はBOT法（政府支援：事業費の50%）とPPPパイロット法（政府支援30%）が併存している状況だが，現在新しいPPP法案を検討中。原則競争入札。
インドネシア	2005年にPPPに関する法律が制定され，2010年にPPPに係る改正大統領令が発令。2010年の改正では民間企業提案型PPP（アンソリシティッド型）と政府公示型PPP（ソリシティッド型）の2つの形態が定義されるとともに，政府とのリスク分担などが規定された。いずれも競争入札前提。ただし，アンソリシティッド型の場合は提案者に対する優遇措置あり。
インド	2000年代よりPPPが積極的に推進されている。PPPに関する法律は連邦政府レベルではないが，グジャラート州など州レベルで存在する。連邦政府レベルでは，PPP案件を財務的に成立させるための補助金であるVGF（Viability Gap Fund）や，プロジェクトを組成するためのPDF（Project Development Fund）などの制度がある。案件の数は多く，2011年の1年間で約750件。ただし6割強が国内競争であり，外資による案件受注は15%程度。
フィリピン	1990年にBOT法成立，1994年に改正。ソリシティッド型とアンソリシティッド型の両方が認められているが，競争入札前提。

います。

　上表は，アジアにおけるPPPの制度の一例です。アジアの国々でもPPPに関する法律・制度が整備されてきています。日本企業にとっての参入機会も増えてきているともいえますが，他方で国ごとの制度の熟度は異なるため，進出先に応じたリスク分析・判断が必要と考えられます。

▶民間のインフラ開発ではここに注意!

　PPPによるインフラ開発が進むなか，インフラを受注する際にいくつか課題があるのも事実です。

　1つめは，多くの国で**事業権の獲得が競争入札にもとづいている**ことです。

その入札は価格競争ベースとなっていることが多く、入札の際に「品質」が考慮されることが少ないといわれています。

　日本企業によるインフラ整備は品質面では評価が高く、途上国政府からも日本の技術やノウハウを望む声は多く聞かれます。しかしその一方で、どうしても価格が高くなる傾向にあり、入札で不利になっているのが実情です。

　2つめは、**収益とリスクの問題**です。水道や高速道路などは、利用料金という形で収益を得て成立するタイプの事業ですが、公共サービスに対してお金を支払うという意識が一般市民に根づいていないこともあり、高い料金を設定することが難しくなっています。

　とくに、建設費などがかさみ、先進国レベルの料金を設定せざるを得ないとき、一般市民の支払能力や支払意思（Willingness to Pay）の額を上回ってしまうことがあります。また、政治的に料金を低く抑えられることもあります。

　このような場合、途上国政府がいわゆる補助金（Viability Gap Fund）により料金を補填できれば、事業は成立します。しかし、この制度が整備されていなかったり、制度はあっても実施されなかったりする国が、まだたくさんあるのです。

　事業成立のためには、収益を成り立たせるのに十分な料金の設定だけでなく、需要の変動、天変地異による事業の停止、政府の手続きの遅れなど、さまざまなリスクから民間企業が保護されることも必要です。

　欧米のPPP案件では、リスクを政府と民間企業の間で適切に分担することによって事業を成り立たせていますが、途上国の場合は「政府の負担なく、インフラを整備する」というように、リスク分担に後ろ向きであることも少なくありません。

　そもそも、PPPに関連する法制度でリスク分担が十分に規定されておらず、そのつど政府との交渉によって決まるというケースもあります。その場合、民間企業としてはリスクを追いきれず、事業交渉が破綻することも珍しくありません。

　廃棄物処理や下水処理といった、一般市民から直接料金を徴収するのではなく、**途上国政府が民間企業からサービスを購入する「サービス購入型」**は

需要変動が少なく、民間企業にとってリスクの面では有利です。

　ところがこの場合でも、途中で頓挫し、事業化に至らないことがあります。

　なぜでしょうか。これらのサービスへの支払いは、途上国政府によって一般会計からなされることが多いのですが、そもそもそのための予算が確保できないことがあるからです。

　また、途上国政府のキャパシティの不足も問題です。インドネシアやフィリピンのようにPPPを専門に担当する部署が設けられている国もありますが、PPPが案件として成立するかどうかは、これらの専門機関が十分なキャパシティをもっているか、PPP事業の実施主体となる関係省庁に対して十分な指導力を発揮できるか、ということがポイントになります。

　たとえばベトナムでは、計画投資省がPPPの部署をもっているものの、実際のPPP案件の形成、契約交渉、承認などは人民委員会や他の省庁で行われることがほとんどです。これらの機関がPPPに対する十分な知識を有しているかどうかで、案件の成否が決まることも多くあります。

　また、関係機関が多岐にわたるため、各種優遇制度を利用するのに煩雑な調整業務が発生することも少なくありません。

　このように、PPPによるインフラ開発には多くの課題がありますが、ビジネスチャンスがあることは紛れもない事実です。

　日本企業でも、現地の有力企業とタッグを組むことでPPP案件として事業権を獲得している例も多々あります。PPPや現地の商慣行に関する知識を身につけ、途上国政府に対して交渉力のあるパートナーと組んでいくことが、PPP案件を獲得する第一歩となるでしょう。

ODAとタッグを組む
―― ODAを通してアジアビジネスを考える

▶ ODAによってビジネス環境が改善される

　すでに述べたように、80年代までは途上国に対する資金流入のうち、最も大きな額を占めていたのがODAです。

　90年代に入って民間資金の流入が増えるものの、ODAは依然として途上国にとって大きな部分を占めています。

　1970年代、日本のODAはそのほとんどがアジア向けであり、なかでも東アジア、東南アジアに集中していました。徐々にその割合は減っているものの、アジアに対する予算額そのものは2000年代に入るまで増え続けており、その後も3000億円前後で安定しています（ただし、返済額を引いた純額ベースでは減少傾向）。

　また、南アジアに目を向ければ、2000年代に入り大型の円借款案件が多く実施されたことで、金額は上昇しています。

　一般に、ODAは途上国の政府や国民、あるいは企業にばかり利益をもたらすと思われがちですが、じつは日本企業が海外進出する際、いくつかの点でODAを活用することができます。

　まず、日本企業に限らず民間企業に広くプラスになるのは、ODAの援助によってビジネス環境が改善されることです。

　二国間のODAは、次のように大きく3つに整理することができます。
①**技術協力**……専門家の派遣、研修など
②**無償資金協力**……保健・衛生、給水、教育など（主に基礎生活分野）
③**有償資金協力（円借款）**……道路、鉄道、港湾、発電所の整備など
　これらのスキームを使って、政府機関の人材を育成したり、広く人的資本

の「質」の向上、あるいはインフラの整備を行っています。

　また、最近の東南アジアの援助においては、「連結性（connectivity）」がひとつの大きなテーマになっています。ASEAN諸国は「ASEAN連結性マスタープラン」を2010年にハノイ宣言で採択し、**2015年のASEAN統合に向けて物理的、制度的、人的という3つの側面からの連結を推進しています。**

　日本もこの動きに呼応してASEANの連結性を重要分野のひとつとし、回廊の整備（道路、橋梁、港湾、Ro-Ro船ネットワークの構築）や、税関に対する協力を進めています。

　また、人的連結性についてはASEAN工学系高等教育ネットワーク（Seed-Net）プロジェクトを実施し、産官学の連携を進めています。

▶ ODA関連の人材は心強い助っ人

　途上国でビジネスを展開するうえで、ODAに関連する人材と人的ネットワークの活用は見逃せません。

　ODAのうち、技術協力の主要な活動のひとつとして、途上国の人材に対する研修があります。毎年延べ約1万人を全国各地で受け入れており、これまでに日本を訪れた研修員の数は相当数にのぼっています。これらの研修員のなかには、各国政府の中枢で高官を務める者も多く、強力な人的ネットワークとして期待できます。

　また、アジア各国においては、過去約60年にわたり技術協力事業が行われており、さまざまな政府機関に対して協力しています。対象は政府の職員が中心ですが、ハノイ工科大学やスラバヤ工科大学への支援のように、教育体制の拡充により学生を教育することもあります。

　また、ベトナム、カンボジア、ラオス、ミャンマーなどに設置されている「日本センター」では、「ビジネスコース」「日本語コース」「相互理解促進事業」を実施し、ビジネス人材の育成や日本と途上国を結ぶ人脈作りの拠点としています。

　一方、日本からは、年間延べ9000人の専門家（長期・短期）や、1000人以上の青年海外協力隊員を現地派遣しています。

このような人々は、企業が現地のニーズに合った製品やサービスを作り出したり、現地のネットワークを確保しようとするとき、心強い味方になります。
　たとえば青年海外協力隊は、アジアだけで累計1万1000人以上を派遣しています。彼らは、企業の海外駐在員のような恵まれた暮らしをしているわけではありません。移動には公共交通機関を使い、現地の人々のレベルで日々暮らしています。だからこそ、現地の人々の「視線」を理解することができるのです。
　<u>ODAに関係した人材や人脈を活用することで、ビジネスの立ち上げを容易にできる</u>のではないでしょうか。

▶ODAと民間企業の連携が本格化

　昨今、日本の援助政策に大きな変化が起きています。ODAと民間との連携が広がり、民間企業はより直接的に恩恵を受けられるようになったのです。
　そこで、これまでの流れについてざっと見ておきましょう。
　世界的な援助の潮流に目を向けると、1970年代は大規模な経済開発やインフラ開発による経済成長の主導（トリクルダウン）という考え方が主流でした。
　ところが、いわゆる「大きな政府」を主導したことにより、国家の財政赤字、対外債務が累積したため、1980年代は「小さな政府」を目指し、IMFや世界銀行が政府規制の撤廃、貿易自由化、民営化を推進し、より市場が機能するような方針をとりました。
　一方で1990年代、援助国はいわゆる「援助疲れ」を起こし、援助額を抑制しつつ、より貧困層を中心に据えた援助へとシフトしていきました。
　また、1990年代から市場やヒト、モノ、カネの流れがグローバル化するなかで、援助資金に対する民間資金の占める役割がより大きくなっていきました。そして2000年代に入ると、援助機関の目は貧困層への配慮とともに、民間企業との連携に向かいました。
　こうしたなかで、国連は1999年、民間企業に責任ある行動を求めた「国連グローバルコンパクト」を提言、さらに2008年にはビジネスを通じて貧

困削減を目指すために「Business Call to Action」を開始しました。

これは、企業に国連の「お墨付き」を与え、貧困削減につながるビジネスを推進しようという試みです。

国連のみならず各国の援助機関も、過去10年でさまざまな民間連携スキームを打ち出しています。日本のODAも例外ではありません。

これまで日本のODAでは民間企業を直接的に支援する枠組みはありませんでしたが、2008年4月、**外務省は「成長加速化のための官民パートナーシップ」を発表、ODAと民間企業との連携を推進する**ことを明確に打ち出しました。

国際協力機構（JICA）も、2008年10月に民間企業との連携を目的とした「民間連携室」を設置し、2010年から民間企業がPPPインフラ事業や、BOPビジネスを立ち上げるために必要な調査を支援する制度「協力準備調査（PPPインフラ事業）」「協力準備調査（BOPビジネス連携促進）」を立ち上げました。

また、2012年には民間企業向けの投融資スキームである「海外投融資」を再開し、これまで民間商業銀行では対応できなかったリスクの高い事業に対する出融資が行えるようになりました。

さらに、中小企業に対しても政府は2011年に中小企業海外展開支援大綱を発表し、経済産業省、日本貿易振興機構（JETRO）、外務省、国際協力機構が中心となり、中小企業の海外展開に積極的に取り組むことになりました。

日本政府による民間企業支援スキームは、第4章で紹介しています。

アジアを理解するための2つの視点
―― 地域経済圏と宗教でアジアビジネスを考える

▶ ますます統合が進む地域経済圏

　アジア諸国は多様性に富んでいます。さまざまな宗教や言語が交錯し、経済レベルも格差があります。「アジア」というマーケットを一言でくくることは難しいのですが、さまざまな切り口で分析することで実態が見えてくるはずです。

　まず、地域経済圏で捉えてみましょう。東南アジアにはASEAN、南アジアにはSAARCが存在します。

　ASEANは、1967年にインドネシア、フィリピン、マレーシア、シンガポール、タイの5か国で結成され、その後ブルネイ、ベトナム、ラオス、ミャンマー、カンボジアの5か国が加わり、現在10か国の経済統合を目指す組織になっています。

　先発ASEAN諸国の間ではすでに経済的な統合が進んいますが、2007年のASEAN首脳会合で、**ASEANは2015年に「ASEAN経済共同体（ASEAN Economic Community）」として統合**することを決定し、現在着々と準備が進められています。

　この統合を通じて、6億人のマーケットが、「域内の関税撤廃」「人の移動の自由化」「知的所有権の保護」「投資の自由化」「熟練労働力の移動の自由化」といった面から統合され、さらなる経済成長が期待されています。

　また、これら貿易上の規制の撤廃に加え、「金融協力」「科学技術協力」「エネルギー協力」「農業・食糧協力」といった幅広い面での協調を通じた単一市場の形成を目指しており、FTA以上の経済圏が生まれることが期待されています。

さらに、ASEANは加盟10カ国だけでなく、周辺諸国との統合も進めています。その枠組みとしては、日本、韓国、中国を加えた「ASEAN+3」、さらにインド、オーストラリア、ニュージーランドをこれに加えた「ASEAN+6」があります。

これらの枠組みは、2011年末にRCEP（東アジア地域包括的経済連携）という形で統合し、TPP（環太平洋経済連携協定）の締結に向けた動きを加速させています。

域内の二国間FTAに関しては、ASEANは日本に加え、12億人の市場をもつインド、13億人の市場をもつ中国、5千万人の人口をもつ韓国、そしてオーストラリア、ニュージーランドと締結が済んでおり、これら34億人の市場に対してASEANで生産した製品を無税で輸出することが可能です。

さらに、米国とも現在TPPを交渉しており、さらにマーケットが広がっていく可能性を秘めています。

▶経済統合によるメリットは大きい

こうした経済的な統合は、企業にとってさまざまなメリットがあります。

たとえば、人件費が安いカンボジア、ミャンマー、ラオス、ベトナムといった後発ASEAN諸国で生産した製品を他のASEAN諸国で販売するといったビジネスモデルを構築することが可能になります。

また、資格の相互承認や熟練労働者の越境が自由になることによって、ASEAN内におけるビジネスの横展開も容易になります。

さらに、生産拠点を多様化することで、政変、デモ、天変地異といったリスクに対して効果的な備えが可能になるでしょう。

インフラや域内の通関においても、地域間の貿易はより容易になっています。

たとえば、1992年より「メコン川流域経済協力計画（Greater Mekong Sub-region Economic Cooperation Program, GMS）」が推進され、メコン地域諸国および中国をつなぐ9本の経済回廊の整備が進んでいます。

主な回廊として、東西の結節では、ミャンマーのモーラミャインとベトナムのダナンを結ぶ「東西回廊」、タイのバンコクからカンボジアを経由して

ベトナムのホーチミンにつながる「第2東西回廊」が整備されています。

南北では、バンコクからラオスのビエンチャン経由とタイのチェンコーン経由の2本で中国の昆明につながる「南北回廊」が整備されています。

さらに、南部を結んでいる第2東西回廊については、現在ミャンマーのダウェーまでを接続し、インド洋へのアクセスを確保する計画が進行中です。

この経済回廊は道路網だけではなく、電力網や通信網などのインフラの整備も行っています。日本のODAでも、道路や港湾の整備に加え、ベトナムのフーミー火力発電所などを建設しています。

回廊の整備により、輸送にかかる時間も昔に比べてはるかに短くなっています。たとえば、バンコクからハノイに輸送する場合、以前は海上輸送ないしは空送に頼るしかありませんでしたが、現在はメコン架橋の整備により、陸路で3日の輸送が可能で、輸送コストも削減されています。

また、ハード（設備）面だけでなく、ソフト（制度）面でも改善が進んでいます。たとえば、シングルストップ通関・検疫やトラックパスポート制度を導入する「越境交通協定」が締結されており、通関手続きにかかる時間やコストが削減されているのです。

▶アジアは宗教の「交差点」

アジア市場を見るとき、「宗教」という視点も欠かせません。

キリスト教が中心であるヨーロッパやアメリカに比べ、アジア地域の宗教は多種多様です。仏教、イスラム教、ヒンドゥー教、仏教などがひとつの地域に混在しているのです。

宗教の観点からマーケットを見た場合、イスラム教徒やヒンドゥー教徒の特殊性を理解することは重要です。とくに食品や人体に触れる製品を販売していくうえでは、決して見落としてはならないポイントです。

イスラム教徒は全世界の人口の約20％、16億人を数えます。中東発祥の宗教ですが、人口ではアジア地域が最も多く、とくに**インドネシア（約2億1千万人）、マレーシア（約1800万人）、インド（約1億6千万人）、バングラデシュ（約1億3千万人）**に多くのイスラム教徒が住んでいます。

また、タイ（全人口の5%）やフィリピン（全人口の5%）などにも、少数ではあるもののイスラム系住民がいます。
　ヒンドゥー教徒はインドの約10億人が最大ですが、東南アジアではインドネシア（全人口の2%）を筆頭に、マレーシアやシンガポールにインド系住民がいます。

▶「ハラール」と「ベジタリアン」に注目する

　イスラム教徒を対象としたビジネスを考える場合、「ハラール」を考慮し、認証を取りつけることでマーケット獲得・拡大の可能性が広がります。
　ハラールは、イスラム法（シャーリア法）における「許されたもの」「合法なもの」を指しており、イスラム教徒がイスラム法上、口にしてよいものです。
　単に豚肉成分やアルコールを含んでいないというだけでなく、原料、製造ライン、補完、輸送、陳列、販売といったサプライチェーンのあらゆる段階で、非ハラールのものと物理的に隔離されていることなど、広い範囲で規定が満たされていなければなりません。
　また、ハラールとして認定されるのは、食品に限らず、肌に触れる化粧品や薬品なども対象です。
　食品などがハラールであることを証明するために、各国でさまざまなハラールの認証を行っている機関があり、彼らの認証基準に合格した製品に対しては「ハラールマーク」が発行されています。全世界で数百種類存在するといわれ、そのなかには偽物も存在するとも噂されています。
　そうしたなかで、マレーシアのハラール認証は世界で最も信頼性が高く、他の国でも有効であるといわれています。
　また、認証を厳格化し、他国の認証を互いに認め合う「ハラールハブ」の設立がマレーシア政府を中心に進められています。日本国内でも、日本ムスリム協会、日本ハラール協会はマレーシアイスラム開発庁（JAKIM）によって海外認証機関として認定されています。
　イスラム教徒を対象としたマーケティングを展開するうえでは、ハラー

ル以外にも注意しなければならないことがあります。

　それは、広告や商標といったビジュアル面の配慮です。たとえば、キューピーマヨネーズは2009年にマレーシアに進出しましたが、ロゴが天使として誤解され、偶像崇拝を禁じているイスラム教において問題になる可能性があるとして、ロゴを変更しています。

　また、女性の肌が露出している広告など、イスラム教を冒涜していると誤解されるような内容は避ける必要があります。

　では、ヒンドゥー教徒の場合はどうでしょうか。

　食品においては、イスラム教徒と同様に留意が必要です。ヒンドゥー教では、牛を食べることは禁忌ですが、それだけではありません。**ヒンドゥー教徒の多くはベジタリアン**なのです。

　彼らは単に肉の成分が入っていないというだけでなく、調理の過程においても肉類が入ったもの、肉に触れた調理器具などとは完全に隔離されていることを要求します。インドのファーストフード店では、ベジタリアンとノンベジタリアンで別のキッチンが用意されているほどです。

　インドでは、「ベジタリアンマーク」制度が導入されており、ベジタリアン食品については緑の丸印で表示することが求められています。

　ハラールなど、宗教に配慮した製品を開発しマーケティングすることは容易ではありません。しかし、ASEANでこのような配慮の行き届いたマーケティングを行うことは、将来的に南アジアや中東などでのグローバル展開も容易になるでしょう。

アジアの「リスク」を押さえておく
―― 進出企業のリスクマネジメント

▶ 多民族・多宗教におけるリスクとは何か？

　企業の海外進出にリスクはつきものですが、とくに東南アジアへ進出する場合、日本では考えられないようなリスクに遭遇すると覚悟したほうがよいでしょう。それは、政治的（社会的）なリスク、労働環境上のリスク、環境問題へのリスクなどが考えられます。

　また、どのような状況が待ち構えているかは、進出する国によって違ってきます。

　たとえば、ASEAN諸国のなかには、自由主義の国もあるし、社会主義でありながら経済の開放政策としてASEANに加盟している国もあります。

　もし、自由主義の国であれば、政府と結びついたファミリービジネスの財閥やアジア特有の人種問題も関係してくるでしょう。

　とくに人種の問題については、マレー系、中華系、インド系に分かれ、さらに各国の人種――たとえば、タイではタイ族、ベトナムではキン族などが存在します。そして、少数民族も存在します。どの国も、まさに多民族国家（人種の坩堝）なのです。

　また、宗教上の問題も出てきます。イスラム教のほかに、キリスト教、仏教、ヒンドゥー教など、さまざまな宗教があります。人種も宗教も異なり、まさにダイバーシティーそのものです。

　東南アジアにおけるリスクマネジメントでは、現地の事情に合わせた対応が求められます。そこで、ここからはインドネシアとマレーシアを例にして解説しましょう。事例は限られていますが、リスクマネジメントの「方向性」は理解できるはずです。

▶ **政治的リスク——民族対立が火種**

まず、政治的（社会的）なリスクについて述べましょう。インドネシアとマレーシアの現状を踏まえて解説します。

【インドネシア】

人口2億4720万人、大半がマレー系の人。ただし、ジャワ・スンダなど300種族がいます。

宗教はイスラム教が90％。約2億2250万人がイスラム教徒です。

政治は立憲共和制。民主的な首長、議員を選ぶようになって10年程度であり、民主的な基盤はまだ弱い。多くの独立運動を抱えており、近年も数件の爆破テロも発生しています。治安は必ずしもよくありません。賃上げに対する偶発的なストライキが多いことも特徴です。

このように、マイナスポイントも少なくありませんが、ASEAN諸国の人口合計6億人のうち40％以上を占める2億4720万人の人口は魅力的です。

一人当たりのGDPは3552ドルと、中間層の目安である3000ドルを突破しました。中間層が50％を超えており、消費財の消費はますます高まることが予想されるので、進出するならば早急に調査・検討すべき市場です。

また、十代から三十代までの人口構成比が全体の51.3％を占めており（約1億4000万人。日本の人口より多い）、インドネシアが経済成長すれば、この中間層の所得が上昇するはずです。若者向けの市場を獲得するうえでは、大変魅力的な市場であるといえます。

フェイスブックの利用者数の5059万人（2013年1月末）は、アメリカ、ブラジル、インドに続き、世界第4位。しかし、普及率は20.8％と低く、こらからさらに伸びていくことと思われます。

インドネシアの人口の大きさとSNSに対する国民の関心の高さは、将来のビジネスの切り口としては、欠かせないものといえるでしょう。

余談ですが、「JKT48（ジャカルタ48）」というAKB48公認の女性アイドルグループがあるほど日本びいきであり、日本ブランドへの認知度も高い。

【マレーシア】

人口2933万人、マレー系（中国系、インド系を含む）67％、中国系25％、インド系7％で、人種はモザイク状態です。

宗教は、イスラム教61％、仏教20％、キリスト教9％、ヒンズー教6％。

マレーシアは一般にイスラム教の国と考えられていますが、イスラム教徒は6割程度なので、先入観は禁物です。

政治としては州が13州からなる連邦国家であり、国王を元首とする立憲君主制。1970年代までは暴動や政変が起きていましたが、80年代からは安定しています。ただし、**多数派であるマレー系と中国系（華人系）の対立**は根深く、融和は進んでいません。

人口は3000万人程度ですが、人口の85％以上が中間層と富裕層です。一人当たりのGDPは1万0387ドルで、ASEAN諸国のなかではシンガポール、ブルネイに続いて3位の地位を占めるようになりました。**ASEAN諸国の「優等生」として、今後どのような市場形成をしていくか**が楽しみです。

さらに、世界中のイスラム人口は16億人といわれますが、イスラム教では、アラビア語で「ハラル・許された」と称された食べ物は神によって「食べてよい」とされています。

このハラル認証をする機関がマレーシアでは優れており、その機関で認証された食べ物はイスラム教徒すべての16億人がターゲットになり得るといわれています。

このように、人口はインドネシアの12％程度ですが、戦略的には**イスラム市場を攻めるときの「窓口」**として重要視すべきです。

ここで、付け加えておきたいことがあります。それは、東南アジアへ進出する場合、政治的リスク（社会的リスク）を分析し調査することはよいのですが、先入観をもちすぎないことです。現地の状況は、現地に行かないとわからないので、まずは行動をすることをお勧めします。

▶ 労働環境上のリスク──労働法は従業員側に有利

まずは、大前提として東南アジアでは、現地政府の労働者への対応は、労働者寄りと考えておくべきです。

たとえば、東南アジアの隣のインドで発生したスズキ自動車の労働争議を思い出してください。

スズキ自動車は、1982年からインド政府と合弁事業として「国民車構想」を具現化するために進出しました。進出して30年も経過している企業ですが、2012年7月18日の夕方、マネサール工場の従業員が暴徒化し、死者1名、負傷者100名という大事件に発展しました。

このように30年という労使間の長い歴史があったとしても、1日で労使関係が崩壊してしまうのです。スズキ自動車の例を特殊だとは考えずに、労働環境上のリスクはいつでも発生する可能性があることをつねに考えておかなければなりません。

また東南アジアの賃金は中国よりは安いですが、上昇傾向にあり、そのトレンドは継続すると考えるべきです。かつてヘンリー・フォードが著した『藁のハンドル』で述べられているように、自社製品を購入できるように賃金を上げ、自社で働く労働者が、自社製品を購入する消費者になるように変化させていくことを考えておいたほうが、経営しやすくなると思われます。

リスクマネジメントとしては、労働争議にならないようにつねに目配りをすることと、自社従業員が自社製品を購入できるような賃金環境を整えていくことが要諦です。

それでは、インドネシアとマレーシアの労働環境を見てみましょう。

【インドネシア】

年収（2011年）：製造業マネジャー1万6544ドル、非製造業マネジャー2万3068ドル（1ドル100円で換算すると、製造業のマネジャー約165万円、非製造マネジャー約230万円）。ちなみに首都ジャカルタの物価水準では、ミネラルウォーターが19円（600ミリリットル）、オートバイ12.5万円です。

労働人口は、1億1737万人、毎年200万人から300万人が新たに労働市場

インドネシアにおける労働問題に関するデモの状況

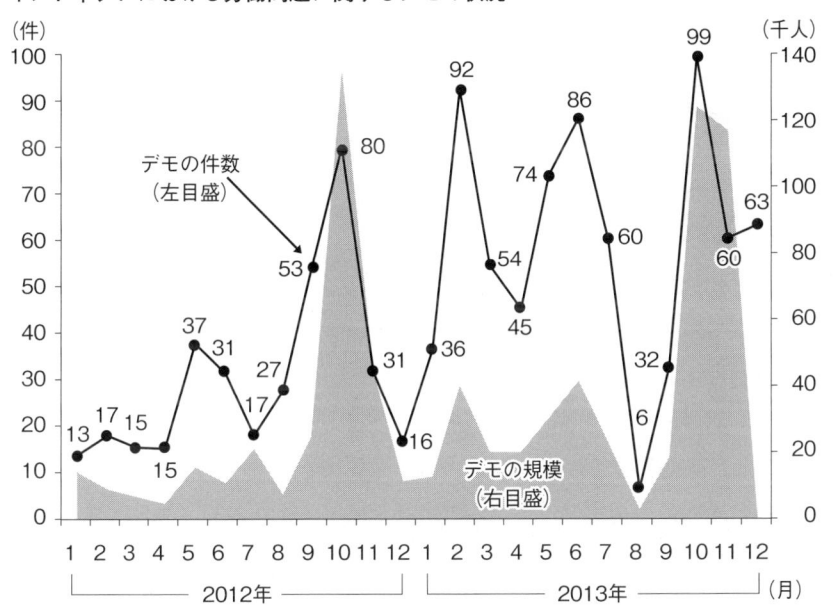

注：現地警察へ事前の届出があったもののうち、労働問題に関するデモを経団連事務局にて積算。
　　実際には行われなかったものや、届出内容よりも人数が大幅に増えたものを含む。
出典：ジャカルタジャパンクラブ　ホームページ「本日のデモ情報」、2014年版　経営労働政策委員
　　　会報告、（社）日本経済団体連合会2014、1月。

へ供給されます。

　法律では、**従業員側に有利な労働法が制定され、従業員の雇用は厚く保護されています**。たとえば、正社員の解雇は簡単にできません。雇用主による解雇は、試用期間中、または労働契約の終了もしくは定年に達した場合に限られています。解雇手当は、標準の退職金では、勤続年数1年につき1カ月分、慰労金は退職金の2分の1程度です。

　賃金は、固定手当を含む基本給は、その地域の最低賃金を下回ってはいけません。その他、労働条件も労働者の同意を得る必要があります。

　さらに、JAMSOSTEKという社会保険（労災、死亡、年金、健康保険の4部門）に加入することが定められており、労災、死亡、年金については義務であり、かつ事業者側の負担率が決められています。

【マレーシア】

　年収（2011年）：製造業マネジャー3万0999ドル、非製造業のマネージャー3万5117ドル（1ドル100円で換算すると、製造業マネージャー約310万円、非製造業マネジャー約351万円）。インドネシアと比較すると、賃金ベースでは製造業では188％、非製造業では153％となっています。ちなみに首都クアラルンプールでの物価水準では、ミネラルウォーター90円（1510ミリリットル）、オートバイ12.3万円です。

　マレーシアでは、**労使環境は比較的良好ですが、インドネシアと同様に労働者は保護されています。**

　また、あらゆる職種で従業員の構成がマレーシア社会の民族構成比を反映することが前提条件です。つまり、マレー系住民を優遇しなければなりません。

　さらに国内の雇用主は、外国人労働者を雇用する目的で、現地人従業員の雇用契約を解除することが禁止されています。解雇する場合は、解雇手当が別途決められています。

　賃金は月給ベースでの基本給＋諸手当、年1回から2回のボーナス支払いが一般的です。定年後や退職後の保障のための強制スキームとして従業員基金（EPF）があります。この制度でも、事業者の負担割合が決まっています。

　このように、インドネシアとマレーシアを比較してみると、多少の差はありますが、いずれの国も労働法は従業員側に有利になっています。

　東南アジアへ進出する日本企業は、相手国が昭和の日本のように感じるかもしれませんが、日本の高度成長期とは大きく異なります。

　その要因になっているのが、インターネットや携帯電話に代表される情報通信技術の普及です。前述のように、Facebookの利用者数は、インドネシアが5059万人（普及率20.8％）、フィリピンが3026万人（普及率30.3％）、マレーシアが1357万人（普及率48.0％）となっており、日本の現状よりもはるかに進んでいることを理解すべきです。

　たとえば、進出した国で自社製品を生産をするような場合、生産工程について日本方式のよい側面を教えることは大切ですが、何事においても日本の

流儀を持ち込むことがよいとは限りません。そのようなスタンスでは、日本人従業員はおのずと「上から目線」となり、現地の人々のよさを理解できなくなる恐れがあるからです。

現代は、インターネットの時代であり、人権侵害のような問題が生じれば世界中の人にその情報が瞬時に流れてしまいます。一度、人権問題が生じてしまうと、その企業のブランドイメージを著しく低下させることになります。

海外へ進出する場合は、こうしたリスクに対する認識度のレベルアップやハラスメント対策への教育、さらにダイバーシティーへの感覚を身につけさせる必要があると思われます。

人権問題に取り組むNGOは、世界中にあります。企業としては、進出する先の国での人権問題について、現地の状況をNGOから聴取することも一案かと思われます。

日本では、日本のNGOの取りまとめ役であるJANIC（国際協力NGOセンター）へ相談すると、諸外国の事情がよく理解できるでしょう。

▶環境問題へのリスク──各国の規制基準がバラバラ

現状で考えるべき環境問題のリスクとしては、<u>アジア諸国で実施されつつある化学物質規制</u>の問題があります。

日本の化学製品の地域別輸出入額では、2011年現在、アジアが断トツとなっています。アジアへの輸出額は5兆1244億円、輸入額は2兆2151億円であり、合計額で7兆3000億円を超える金額となっています。ちなみに北米への化学物質の輸出入額は、同時期で1.7兆円、アジアの23％程度です。

アジアの化学物質規制は、EUが2006年に施行した「ROHS指令」──鉛、水銀、カドミウム、6価クロムなどの6種類の化学物質を含んだ電気製品や電子製品の使用制限をする法律──の影響を受けていますが、注意しなければならないのは、必ずしもアジア各国での化学物質の規制は、EUのROHS指令とは同じではないという点です。

化学製品の取扱量が7兆3000億円に達するなかで、今後どのような対応をとっていくかは大きな課題ですが、この点については、これから東南アジア

へ進出を考えている企業も事前に十分な検討をすべきだと思われます。

さらに、この化学物質規制の問題点はもうひとつあります。それはGHSです。

GHSとは、化学品の分類および表示に関する世界調和システムです。GHSは、世界が統一したルールに従って、化学製品を発がん性や引火性などの危険有害性ごとに分類し、その情報が一目でわかるようにラベルなどに表示して労働者や消費者に注意を喚起するものです。

このルールが決まったことはよいのですが、問題は国連のGHS文書のどの版を使用するかが、各国の裁量に任されていることです。つまり、各国の事情によってさまざまなGHS対応のラベルが必要になってしまうわけです。

近い将来、インドネシア、シンガポール、タイ、ベトナムなどがGHSを本格的に導入するといわれているので、その点についても情報収集を強化する必要性が出てきます。

このように、進出する国の環境問題を検討するだけではなく、世界全体で行われている環境規制の動向に合わせながら、進出国への環境問題へのリスクマネジメントを考える必要があります。

とくに、自社がサプライ・チェーン・マネジメントの必要性があるようなビジネスモデルの場合は、より高度な情報管理とサプライ・チェーンへの指導が必要になることはいうまでもありません。

東南アジア諸国の環境規制については、環境省のホームページで詳細が紹介されています。ぜひ、参考にしてください。

第2章

異文化環境で
人をマネジメントする

日々のやりとりは、すべて異文化間のコミュニケーション！

　1981年、住友信託銀行熊本支店勤務から社会人生活をスタートした私は、その後、派遣社員や臨時職員としてテレビ局、熊本県庁などの職場を経験しました。さらに1989年、アメリカの銀行・シティバンク東京支店に転職し、クレジットカード部、銀行法人部、人事部人材開発課と3つの部門で20年を過ごしました。

　そして現在、これまで学んだ職場経験を生かしながら、大学で「ビジネスコミュニケーション」「異文化コミュニケーション」「ビジネスマナー」の課目を担当しています。

　仕事のリアルな現場では日々、さまざまな出来事がありました。今、振り返ってみれば辛いこと、悔しいこと、哀しいこと、嬉しかったことがたくさんありましたが、そのすべてが現在の仕事に結びついていることを思えば、日々の仕事のあらゆる場面がいかに貴重な学びの場であったか、身にしみてわかります。

　とくにシティバンクでは、東京支店というローカル社員として、本社ニューヨークから赴任してくる外国人幹部社員や上司とコミュニケーションをとるなかで、仕事の進め方や働き方の違いに戸惑うことも多々ありました。

　国籍の違う社員とともに仕事をするのは、まさしく異文化コミュニケーションの実践といえますが、同じ日本人同士であっても出身地、世代、職歴、学歴、性別などによって、価値観や仕事に対する考え方に違いがありました。

　ということは、日々のやりとりは、すべて異文化間のコミュニケーションといえるのではないでしょうか。

　この章では、日本人（日本企業）が異文化環境でマネジメントするときに直面する問題点とその解決策、そしてこれから取り組むべき課題について、私の体験談を交えながら、解説していきたいと思います。

（関下昌代）

まず「異文化」に慣れる
—— コミュニケーションを成功させる「はじめの一歩」

▶ 異文化コミュニケーションを「当たり前」にする

「異文化コミュニケーション」といえば、多くの人は日本人と外国人のコミュニケーションを思い浮べるのではないでしょうか。

ところが、異文化コミュニケーションの研究領域はとても広く、「人と人」だけでなく、「人と自然（生物）」や「人と社会」の関係も含みます。

また、あらゆる社会現象はミクロレベル（個人の行動など）とマクロレベル（社会の変動など）で捉えることができるため、「異文化」はあちこちに見つかります。つまり、私たちが普段の生活で行っているコミュニケーションは、すべて異文化コミュニケーションであるといっても過言ではないのです。いうまでもなく、日本人と日本人、外国人と外国人のコミュニケーションも異文化コミュニケーションです。

当然ですが、まったく同じ人は誰ひとりとして存在しません。同じ日本人であっても、たとえ兄弟姉妹であっても、性格や考え方、価値観が違います。ましてや外国人となれば、国籍、人種、文化など、違いは多岐にわたります。国籍を問わず、さまざまな人との出会いは、「未知との遭遇」にほかなりません。

ところで、異文化コミュニケーションという言葉を耳にすると、「面倒くさい」「難しそう」といったネガティブな印象をもつ人も少なくないでしょう。

しかし、<u>目の前で起きている現象を「異文化コミュニケーション」の視点で捉える</u>ことは、「自分をラクにする武器」を手に入れたようなものだと考えています。

たとえば、職場における上司、同僚、部下、あるいはプライベートでの家族、友人といった人間関係で軋轢が生まれたことはありませんか。私自身、自分

の考えを相手に押しつけ、「なぜ、この人は私のいうことをわかってくれないのだろう？」と不満が募り、人間関係を悪化させたことがあります。

そんなとき、異文化コミュニケーションの視点で「相手の立場になってみる」ということができていれば、摩擦を起こさないで済んだかもしれません。

▶ 職場で受けたカルチャーショック

私たちは日頃、さまざまなバックグラウンドをもった人たち——上司、部下、同僚、他部署の社員、ビジネスパートナーなど——と机を並べて仕事をしています。そのなかで、良好な人間関係を保ちながら結果を出し、組織に貢献します。このごく当たり前のことがいかに大変なことであるか、私も失敗を重ねながら痛感しました。

しかし、一時的に険悪な人間関係に陥ったとしても、お互いがわかり合える可能性は十分にあります。カルチャーショックの壁を乗り越えて、ともに生きていけると信じています。同じ人間であるという最大の共通点があるからです。「未知との遭遇」から学ぶことはとても大きいのです。

そこでまずは、私が経験した職場でのカルチャーショックを紹介しましょう。

❶有給休暇をとらないと上司が困る!?

日本の銀行から米国系の銀行へ転職したときは、さまざまな場面でカルチャーショックを受けましたが、そのなかでも有給休暇の考え方は筆頭格です。

「お願いだから休んでください」

上司からこういわれたときの衝撃は、今でも鮮明に覚えています。

「君が休まないと、私は部下に休暇もとらせてやれない、管理能力のない上司という烙印を押されてしまうから」

年間の休暇は100パーセント消化するのが当たり前の世界に飛び込んで、うれしいと思う反面、「本当にいいの？」という気持ちもありました。日系企業では、有給休暇は捨てて当たり前。上司も同僚も誰も休まないので、有給休暇をとることに後ろめたさを感じてしまいます。休暇を堂々と申請できる米国系銀行は、パラダイスのように感じたものです。

また、有給休暇を使って留学したり、資格試験にトライしたり、外国へ出かけて見聞を広めたりするなど、使える時間を自分の勉強に当てる人が多いことにも驚きました。
　有給休暇に限らず、それまでの慣行が通用しなくなることは珍しくありません。その場合は「郷に入れば郷に従え」というように、新しい職場（組織）のルールに従うのが無難です。
　転職先で「前の会社では……」とか、海外の赴任先で「日本では……」などと口に出すと、周囲を不愉快にさせるかもしれません。「今の職場は、以前の職場より劣っている」と、暗にほのめかしているように思われてしまいかねないからです。人は自分の所属している組織や国を批判されると、それが正論であるとわかっていても面白くない気持ちになります。
　では、どうしても新しい職場のルールに納得がいかない場合は、どうすればよいのでしょうか。「私の経験では……」という前置きをしてから自分の考えを伝えることが、反感をもたれないコツだと思います。

❷インド人の同僚が土産のせんべいに激怒!?

　同僚に、インド人男性Tさんがいました。彼はシステムの専門家としてインドのIT企業から派遣された、同じプロジェクトチームの一員です。
　私は、眼光鋭い彼のことを「怖い」と感じていました。私の英語力のレベルが低いこともあってなかなか打ち解けることができず、机を並べていながら、ぎこちない日々を過ごしていました。
　ある日、誰かのお土産のせんべいを同僚に配り終えたとき、Tさんがペッと吐き出しました。
「関下さん、これは海老が入っているじゃないか！」
　彼がヒンドゥー教徒でベジタリアンであることは知っていましたが、不注意で海老入りのせんべいを彼に配ってしまったのです。
　私は、「ごめんなさい」とすぐに謝りましたが、**せんべいの海老にも反応するほど、食べ物に敏感**なことには驚きました。一方、彼の怒りは、私がすぐに謝ったことで収まったようでした。
　このことがきっかけで、Tさんと少しずつ言葉を交わすようになり、ヒン

ドゥー教のインドの習慣について話を聞くことができました。

また、プロジェクトの進め方やドキュメンテーションのしかた、さらに英語の書き方まで教えてもらい、ついには家族ぐるみの付き合いにまで発展しました。相手を不快な気持ちにさせる「ピンチ」でしたが、その後の対応で「チャンス」につなげることができたといえるでしょう。

❸バングラデシュ人の同僚は上司主催のパーティに不参加!?

私は、同僚であるバングラデシュ人男性Rさんをパーティにしつこく誘って嫌われたことがあります。

このパーティは、カナダ人の上司が新しいチームメンバーとの親睦を図ろうと休日に開いたホームパーティです。私は「これも仕事のうち」と、参加するのが当たり前だと考えていましたが、Rさんは「行かない」と言い張ります。「せっかく上司が気を遣ってくれているのだから、一緒に行こう」と誘ってみましたが、やはり返事はノー。

私は訝しく思いました。ところがじつは、その日はイスラム教のラマダンに当たっていました。この時期、イスラム教徒は日の出から日没まで飲食を断たなければなりません。Rさんにとっては、<u>宗教上の決まりごとを仕事より優先させることは当たり前</u>だったのです。

プライベートを犠牲にしても会社に尽くそうとする日本人にとって、この感覚はなかなか理解できないかもしれません。私もRさんと自分との違いをはっきり自覚しました。

このケースはたまたま国籍が違い、宗教上の問題もありましたが、「公私の区別」については、日本人同士でも考え方に違いがあります。「休日であっても、上司の誘いは仕事として受ける」という私と、「休日はプライベートなのだから、たとえ上司の誘いでも断る」という同僚……。

ここで大切なのは、自分とは違うリアクションをとる人に対して、その理由を尋ねて、考え方の違いを知ることでしょう。

❹仕事中、ひっそり隠れて非常階段の踊り場でお祈り!?

これは、掃除の担当者がこっそり教えてくれたことでした。

「あのね、Ａさんのことなんだけど、いつも非常階段の踊り場に敷物を敷いてメッカの方向にお祈りしているよ。だけどね、メッカは逆の方向なんだよね。間違っているって教えてあげたいけどさ、僕英語がしゃべれないから……」

　メッカがある正しい方向など考えてみたこともなかった私にとって、この話は新鮮でした。また、ひっそりと隠れてお祈りをしている社員の姿を思い浮べ、自分が多国籍企業に勤めていることを改めて実感しました。

　就業規則には、午前と午後に15分ずつ休憩をとっていいことになっていました。喫煙室で一服する人、コーヒータイムをとる人、そしてＡさんのように、ひとり隠れてお祈りする人がいるわけです。このときも、宗教がその人にとっていかに大事なものであるか、思い知らされました。

　宗教に限らず、**多数派である人々は、少数派の人たちがしきたりとして大切に守っていることに寛容でなければならない**と思います。

❺休憩室で男性にお茶を注いだら女性の上司から叱られた⁉

　新卒で日本の銀行に勤めていた私は、社員50人ほどの支店で上司や先輩からビジネスマナー（立ち居振る舞い）を厳しくしつけられました。ときにはトイレで泣くような場面もありましたが、今思えば注意してくれてありがたかったと感謝しています。

　社員食堂は文字通り「同じ釜の飯」という感じで、毎日の献立は支店長から新入社員まで皆同じ、食堂のテーブルに置いてある大きなヤカンに入れてあるお茶を自分のカップに注いだら、必ず他の人にも注いであげるという習慣が身についていました。ところが——。

　米国系の銀行に転職直後、休憩室で起きた出来事です。持参した弁当を食べようとして急須にはいったお茶を自分の湯呑みに注いだとき、後ろから2人の男性社員が入ってきたので彼らの湯呑みにも、ついでにお茶を注ぎました。すると、その場に居合わせた日本人の女性上司から呼び出され、こう注意を受けたのです。

「さっき、お茶を入れてあげていたわよね。あなたがそんなことをするから女性の立場が低いままなのです。男性に媚びるのはやめなさい！」

　私は驚きとともに、怒りがこみ上げてきました。反論しようと思いましたが、

必死にこらえました。いくら説明しても、この上司にはわかってもらえないと思ったからです。後から来たのが男性でも女性でも、「お茶を注ぐ」という行為に変わりはなかったし、周囲への気配りもなく、「自分だけよければ、それでいい」という考え方には抵抗がありました。

このとき学んだのは、自分では**異性に媚びるような気持ちはなくても、人から誤解されることがある**ということです。ひとつの行動が見る人の考え方や感性によって、どのようにでも解釈される怖さを知った瞬間でもありました。

❻カナダ人上司をランチに誘ったらあっさり断られる⁉

多国籍企業にいるからといって、社員全員が英語を流暢に話せるとは限りません。英語力が未熟なために仕事で苦労することが多かった私にとって、人事部人材開発課に異動したとき、直属の上司がカナダ人（男性）であったことはラッキーでした。

米国系の銀行の国内支店で働く外国人は意外と少ないものです。部門ヘッドのほかには、IT部門にまとまった人数がいました。そのフロアーはリトル東京といわれるほど日本人が少数派でしたが、その他はそうでもありません。

人事部に異動して最初に困ったのは、課のミーティングや全体の部会の「標準語」が英語だったことです。人事部では部長がアメリカ人、直属の上司がカナダ人で、50名ほどのスタッフのうち2人だけが日本語を話せませんでした。しかし、会議もメールもすべて英語。これには納得できませんでした。「本社はアメリカでも、ここは日本。2人の外国人が日本語を身につけるべきではないのか？」という気持ちだったのです。私は意見をタイムリーに伝えられない自分にイライラしていました。

そこで、こう発想を転換しました。直属の上司が外国人であるメリットを生かそうと思ったのです。ある日、意気込んで「トムさん、よかったらランチ、ご一緒にいかがですか？」と上司に声をかけました。すると、「僕は部下とはランチに行きません。ランチタイムはジムに行くことにしていますから」と即答。**部下からランチに誘われて断る上司がいるとは夢にも思わなかった**ので、ショックを受けました。「嫌われているのだ」と落ち込んで、自分の席に戻りました。

しかし、このまま引き下がるわけにはいきません。数日後、雑貨屋でかわいらしい3分間砂時計を買って、「Do you have 3 minutes？」と再び上司にアタック。すると、こんどは「君はユニークだねぇ」と面白がってくれて、毎日3分間だけ英語で世間話をするようになりました。そのうち仕事の話をするようになり、やがて3分が30分になりました。仕事がやりやすくなり、英語も学べて一石二鳥。砂時計というアイテムが会話のチャンスを広げてくれたわけですが、あの手この手で人との会話のきっかけを工夫することは楽しいことでした。

❼「お花クラブ」にアフリカ系アメリカ人の男性が入部！？

　私は、社内サークル「お花クラブ」の副部長という立場で、部員の勧誘に力を入れていました。部員の人数が揃わないと、会社から補助金がもらえなくなる運命だったからです。

　会社は、ワークライフバランスとして仕事以外に趣味をもつことを奨励していました。また、共通の趣味をもつ仲間と社内のネットワークでつながることは、仕事にもよい影響を及ぼします。部門を越えて、世代を越えて情報交換ができる貴重な場でもあったのです。

　米国系の銀行のお花クラブに入って意外だったのは、日本の伝統文化である生け花に男性も興味を示し、部員として参加していたことです。18歳から池坊生け花に入門していた私は「お花は花嫁修業的な側面が強く、女子の教養としての世界である」と勝手に決めつけていたのです。

　お稽古で活けた花をフロアーの入り口にいつも置いていたのですが、ある日、同僚が「関下さんの花を写メしている外国人がいるよ。お花クラブに勧誘したら？」と教えてくれました。私はそのとき、隣の部署で色鮮やかなサリーをはおって仕事をしているインド人女性を思い浮べていました。

　ところが実際は、アフリカ系アメリカ人の男性でした。背が高く、どっしりした存在感の彼を目の前にして、華奢なインド人女性とのギャップに驚きました。話を聞いてみると、彼はニューヨーク生まれで子供のころから自宅に盆栽があったと熱く語ります。お花は女性がやるものというのは、私の固定観念でした。

第2章 ▶ 異文化環境で人をマネジメントする　49

異文化マネジメントの4つの鉄則
―― これだけはやっていけないタブーと対処法

▶ 自国のやり方を押しつければ反発されるだけ

　ビジネスとスポーツには共通点が少なくありません。たとえば、マネージャーが外国人の場合、自分の国で成功した経験をそのまま実行しようとする傾向があります。

　プロ野球を例に説明しましょう。千葉ロッテマリーンズの監督を7シーズン務めたボビー・バレンタイン氏は、就任1年目の1995年、アメリカ流の野球を持ち込もうとして日本人コーチ陣や広岡達朗・ゼネラルマネージャーと対立し、長年Bクラスだった成績をAクラス（パ・リーグ2位）に引き上げたにもかかわらず、わずか1年で解雇されました。

　ところがその9年後、同じチームに復帰したバレンタイン監督は、以前の苦い経験を生かしたのか、日本の野球のやり方――犠牲バント、キャンプインの時期など――を部分的に受け入れると同時に、トレーニングの時間を見直したり、選手やファンへの接し方を改善したりしました。その結果、外国人監督初の日本一（2005年）という成績を残しました。

　朝日新聞（2013年4月26日）社会面に、〈サルも「郷に入っては郷に従う」〉と題した、興味深い記事が載りました。
> 南アフリカの野生ザルは群れを移ると、過去の食習慣を捨てて新しい群れのルールに従ってえさを食べた。野生動物も社会的学習によって環境に適応していた。研究チームは「試行錯誤するより、ほかをまねる方がいいという戦略が野生動物でもとられている」と分析している。

新しい環境で生き残っていくためには、その環境に適応しようとするのが生き物としての本能なのかもしれません。

▶「言葉の壁」を前に立ちつくさない

　突然、異国の地でのマネジメントを任されれば、「どんな人たちと働くのだろう？　うまくやっていけるだろうか？　そこで生活していけるだろうか？」と不安を抱えるのは当たり前です。日本を離れる覚悟を決めるには、相当なエネルギーがいると思われます。

　一方で、「日本人」という外国人を迎えるローカルスタッフの立場も同じように不安を抱えています。新しい上司はどんな人だろうか？　言葉は通じるのか？　私たちを辛い目にあわせないだろうか――。

　そんなとき、赴任してきた人がその土地の言葉を覚えてなじもうとすれば、間違いなく現地の人々から好意的に受け入れられると確信しています。

　前述のバレンタイン監督も日本語を毎日勉強し、日本人のことをわかろうと努力していた姿勢が、選手や地域住民、ファンに受け入れられたのだと思います。

　言葉が通じないことは、良好なコミュニケーションをとるうえで大きな障壁となります。同じ言葉を話す仲間がいればラクなので、つい日本人同士で会話をすることになるでしょう。ランチは日本食の店に行き、休憩時間はいつも同じ面子でグループ行動をしがちです。

　これでは、新しい文化に触れるチャンスが目の前にあるのにもったいない。日本人だけで何かを話していたら、「何を話しているのだろう？　どんな噂をしているだろう？」と、現地の人たちが疑心暗鬼に陥る可能性もあります。現地の人たちとの壁をできるだけ作らないことが、職場のモチベーションアップにつながり、それに「結果」がついてくるのではないでしょうか。

　言葉の壁は、さまざまな場面で出現します。私が教壇に立つ東京都内の大学は中国人留学生が多く、今年の前期の「異文化コミュニケーション」ではクラスの8割が中国人という状況でした。

　残念ながら、必ずしも勤勉な生徒ばかりとはいえません。私の日本語がき

ちんと伝わっていないことが原因で、授業よりスマホいじりに熱心なのかもしれません。しかし、私は中国語が話せません。

どうしたものかと悩みながら、授業の出だしの挨拶だけでも中国語で語りかけてみることにしました。たどたどしい中国語でしたが、学生がこちらに注目した瞬間がありました。

その後も、中国語の挨拶を続けていたら、ある日の授業終了後、「先生の発音、ちょっと間違っています。正しくはこうです」と教壇まで来て、レクチャーしてくれる学生があらわれました。学生と教員が交流できた瞬間です。

留学生は日本語をほぼマスターしていますが、日本語で授業や試験を受けるのは相当な努力が必要だと思います。そんなとき、母国語を教える機会があることは、うれしいに違いないでしょう。

言葉の問題では、こんなこともありました。

米国系の銀行に勤めていたとき、職場は東京でしたが、アメリカ本社から見ればローカルな支店にすぎません。Eメールもチームミーティングも部全体会議も、すべて使用言語は英語でした。そこに外国人が含まれていたからです。

本社ニューヨークから赴任してくる外国人で、日本語をマスターした人はおらず、使ってみようとトライした人にも会ったことがありません。これは寂しい現実でした。

「ここは日本なのに、なぜ日本語を学んで使おうとしないのか？　英語が苦手な社員の考え方やアイデアに耳を傾けてみようと思わないのか？」

先に述べたように、米国系の銀行に勤務したおかげで英語力を養うことができましたが、「米国系の企業とはいえ、英語を押しつけていないか？」と、理不尽さを感じていたのも事実です。

一方で、英語が得意でない現地スタッフは、言葉が通じないことで上司が話しかけてこないことをラッキーだと感じる部分もありました。なぜなら、言語の壁が「衝立」になり、仕事を直接頼まれる機会が少なくなるからです。そこには、面倒な仕事に巻き込まれたくないという、後ろ向きの意識があったのでしょう。

前述のバレンタイン監督も、異国の地でチームの指揮をとる難しさについ

て、こう語っていました。
「自分の母国語は英語であり、ほとんどの選手の母国語は日本語であるためコミュニケーションの問題は生じる。選手によっては、言葉の壁のせいで監督が直接話しかけてこないのでよいことだと考えている」

意思の疎通がスムーズにいかないことが、かえって好都合だというわけです。しかしこれは、言葉が通じないことによる気まずさから逃れたい、あるいは英語が話せないことを恥ずかしいと思う心理のあらわれではないでしょうか。

こうしたネガティブな気持ちを乗り越えて、笑顔やジェスチャーを交えながらカタコトの外国語で話してみれば、意外と気持ちが通じ合うものではないでしょうか。

▶「あ・うんの呼吸」は通じない

島国である日本は、古くから同一性の高い文化であるといわれます。鎖国の歴史が影響しているのかもしれません。

「以心伝心」という言葉があります。口に出して言わなくても、お互いに理解できることを指していますが、これは「察しの文化」ともいわれます。

日本では、黙っていることが美徳とされてきました。若者言葉の「KY」(空気を読めない)は、「その場の空気を読んで行動しなければ、周りから浮いてしまう。だから、空気を読むのが当たり前」という意識のあらわれです。これは察しの文化がいまでも息づいている証しでしょう。

移民の国・アメリカのように、子供の頃からディベートの訓練をさせられることもなかった日本人は、自分の意見を人前ではっきり言うことに抵抗があります。

米国の文化人類学者であるE・T・ホールは、異文化コミュニケーションにおける表現方法の違いを「コンテキスト」という概念を使って説明しました。

日本を含めたアジアは、人間関係や社会習慣といった状況に依存する度合いが高く、<u>「何を言ったかより、どのような状況で言ったか」が重視される高コンテキスト文化</u>、北米やドイツは状況に依存する度合いが低く、「どんな状況よりも何を言ったか」を重視する低コンテキスト文化であると論じた

のです。

　たしかに日本人は、ビジネスの現場でも「あ・うんの呼吸」で行動することを要求されます。職務範囲もあいまいで、お互いがカバーし合って業務を推進する傾向にあります。

　ところが、日本以外の国では事情が異なります。一般に高コンテクスト文化といわれるアジア諸国でさえ、ビジネスでは低コンテクストのスタイルをとっているのです。

　ここに落とし穴があります。日本人の上司は外国人の部下に対して、「指示されていない仕事を進んでやる」という自己犠牲的な仕事のやり方を期待することがありますが、それはどだい無理な話なのです。部下には、仕事の範囲を明確にして指示を出すことが必要です。

　仕事の基本である「ホウレンソウ（報・連・相）」も、あいまいな指示ではスムーズにいかないでしょう。部下はなにを、いつ、「報告」「連絡」「相談」すればよいのか、わからないのです。一方、日本人の上司は部下からのホウレンソウがないことにイライラを募らせます。

　しかし部下は、そのイライラの原因がさっぱりわかりません。険悪な雰囲気は解消されず、どんどん職場の空気が悪くなる「負のスパイラル」が生まれることも珍しくありません。

▶ 本国ばかりに目が向くのはリーダー失格

　企業が海外でビジネスを展開するとき、一般的には本国にある本社が大きな権限をもちます。最終的な決定権は本社にあるのです。海外に赴任した社員が本社の評価を気にするのは、当然のことかもしれません。

　ところが、現地のローカル社員は、上司が本社の顔色ばかり気にしているのを敏感に察知します。これは、少なからず職場の士気に影響するはずです。

　本社の上役が視察に来ると、高級レストランで接待し、やたらに気をつかう上司……。これは、さしずめ民間版「官官接待」といえるのではないでしょうか。とてもおかしなことです。ローカル社員の目には不思議な光景に映りますが、本人たちはそのことに気がつかないのです。

現場の声をもっと聞いてほしい、本社が何を考えているのか情報がほしいと思っているローカル社員の気持ちをよく考えるべきでしょう。

私が米国系の銀行に勤務していたときも、本社との関係に戸惑うことがありました。

たとえば、東京のヘッドは本社ニューヨークの指示に従い、私たちに方針を伝えますが、その方針がニューヨークのヘッドが交代するたびにコロコロ変わると、ローカル社員はそれに振り回され、疲弊します。ついには、「どうせ、ここで一生懸命やったところで、ヘッドが代われば方針も変わるのだから……」と、仕事のモチベーションは低下します。

東京のヘッドは、タウンホールミーティングを開いて社員に本社の状況を説明し、コミュニケーションを図ろうとしていましたが、タウンホールミーティングに参加できるのはシニアな社員ばかりです。ジュニアな社員はその会合に出られないし、イントラネットで情報を配信されても目の前の仕事に忙殺され、ヘッドの声を聞く気にもなれない状況でした。

ましてや英語で説明されても、100％理解できる社員は多くありません。前述のように、米国系企業といっても社員全員が英語を完全にマスターしているわけではないのです。

東京のヘッドの態度には、社員の声に耳を傾けて問題を解決しようというより、赴任している間は「可もなく、不可もなく」無難に過ごせればいいという、事なかれ主義も透けて見えました。

そんな雰囲気の職場で、モチベーションを高めて仕事に邁進することは容易ではありません。むしろ、「無力感」は日々、強化されるものだと痛感しました。

多様な人材を最大限活かす
—— ダイバーシティ・マネジメントの実践

▶ダイバーシティ・マネジメントとは何か？

　日本語では「多様性」と訳されるダイバーシティの考え方は、多民族国家・米国で1990年代から注目され始めました。

　米国には古くから「人種のるつぼ」という表現がありましたが、いろいろな物質が溶け合って、別の色に変わっていくのが「るつぼ」だとすれば、ダイバーシティは、混ざり合ってもそれぞれの色（個性）がそのまま生かされるといえます。

　ダイバーシティの比喩的な表現としては、「サラダボール」「万華鏡」「タペストリー（織物）」などが使われますが、具体的には次のようなものがあります。

①その人が生まれもった多様性……民族、肌や目の色、出身地、性別、性的嗜好、血液型など

②自分の力で変えようと思えば変えられる多様性……国籍、学歴、職種、職歴、婚姻、宗教、外見など

　また、これとは違った観点で、次のように整理することもできます。

①目に見える多様性……民族、肌や目の色、外見、性別など

②目に見えにくい多様性……血液型、性的嗜好、国籍、学歴、職歴、婚姻、宗教など

　さらに、次ページの図のような分類のしかたもあります。

　では、ダイバーシティ・マネジメントとは何でしょうか。

　一言でいえば、すべての人がその能力を最大限に発揮し、生き生きと輝いて働ける職場環境を目指すことです。人の多様性を活かし、尊重していく組

ダイバーシティの輪

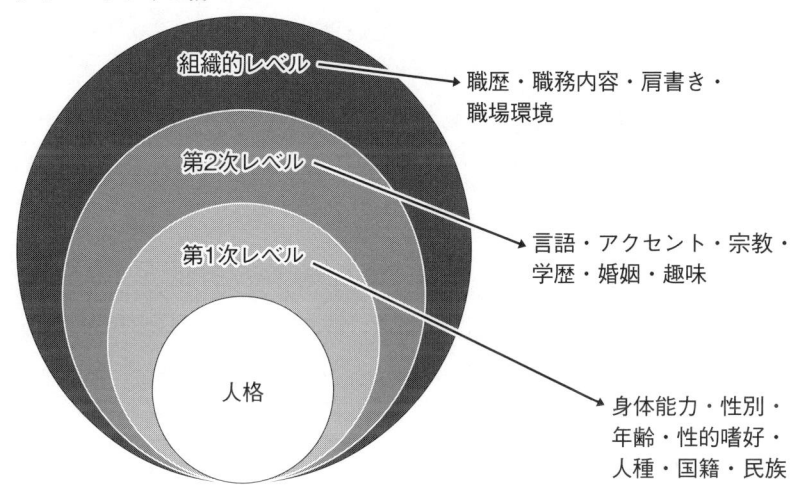

- 組織的レベル → 職歴・職務内容・肩書き・職場環境
- 第2次レベル → 言語・アクセント・宗教・学歴・婚姻・趣味
- 第1次レベル → 身体能力・性別・年齢・性的嗜好・人種・国籍・民族
- 人格

出典：Ernest Gundling, Global Diversity: Cultures within Cultures。

織のほうが一人ひとりを生き生きとさせ、それが組織のパフォーマンス向上につながるという考え方です。

　もう少し詳しくいえば、組織のパフォーマンスは財務的パフォーマンス（業績・株価・利益率）と、非財務的パフォーマンス（コミュニケーション・モチベーション・顧客満足度・企業のイメージ・優秀な人材の確保）に分けることができます。そしてダイバーシティ・マネジメントは、多様性（ダイバーシティ）をこうしたパフォーマンスに結びつける方法です。

　さて、米国発のダイバーシティの考え方が日本に受け入れられた背景としては、次の3つが挙げられます。

　1つめは、**ITの発達により世界中のコミュニケーションが高速化した**ことです。つまり、国境を越えてビジネスチャンスが広がったのです。ビジネスの相手が外国人であれば、言語の壁を乗り越えてお互いの文化を尊重する必要性が出てきます。

　2つめは、**男女雇用機会均等法が改正され、性別による差別が禁止された**ことです。組織によっては、これまで性別による仕事の分担が伝統的に受け

継がれてきましたが、その見直しも迫られました。安倍内閣が掲げるアベノミクスでは、女性の社会進出に力を入れています。ジェンダーの問題は、職場環境の整備においてきわめて重要な課題といえます。

　３つめは、**労働人口の減少**です。労働人口は2005年の6870万人をピークに減り続け、2025年には6260万人になると予測されています（厚生労働省職業安定局推計）。このままでは、ペットの数が労働人口を上回ると警告する人もいます。

　労働人口減少の原因となっている少子高齢化の対策としては、出生率アップ、潜在的労働力——出産・育児などで家庭に入っている女性、障害者、高齢者——の活用に加えて、外国人の受け入れがあります。これは、最も即効性がある対策です。

　大学生の就職活動の現場では、優秀な外国人を雇う企業も増えてきました。外国人の受け入れが進んでくれば、職場で外国人と机を並べることは、珍しい光景ではなくなります。多様な人材をいかにマネジメントしていくか、ダイバーシティ・マネジメントは避けて通れない課題です。

▶多様性が尊重されない職場はアブナイ

　多様性が尊重されているかどうかの視点で職場を見渡してみると、面白い発見があるかもしれません。

　日本企業は、次のようにシンプルにレベル分けすることができます。

①**多様性ゼロ**……新卒男子だけの採用
②**多様性の初歩**……中途採用
③**多様性の中級**……女性の活用
④**多様性の上級**……外国人の活用

　これまで多様な人材の活用にあまり力を入れてこなかった企業が、いきなり外国人を活用するという「上級レベル」のマネジメントができるでしょうか。

　せっかく戦力になる人材を雇っても、その人が十分に持ち味を発揮できなければ、企業にとってはかえってマイナスにもなりかねません。

　では、ダイバーシティ・マネジメントがうまくいかない原因は何でしょうか。

たとえば会社のトップが、女性や中途採用者、外国人は新卒男子に比べて会社への忠誠心が薄く、貢献度合いが低いのではないかと疑念を抱いているのかもしれません。
　こうした思い込みは、一般にステレオタイプと呼ばれます。
　ステレオタイプとは、「日本人だから勤勉である」とか、「アメリカ人だから陽気な性格だ」などと、人や文化を一般化しすぎる傾向のことです。実際には勤勉でない日本人もいるし、陽気でないアメリカ人もいます。
　ステレオタイプで人を評価することは、人材をカテゴライズするには便利ですが、ステレオタイプに頼っていると実態を見誤る危険性があります。
　また、**ステレオタイプに感情的なものが入りこむと「偏見」**になります。**偏見がエスカレートすれば「差別」**につながります。そして、職場で差別的なことがまかり通るようになれば、社員のモチベーションが低下し、生産性もダウンするでしょう。
　マネージャーは、どんな小さなことでも、差別につながる偏見を見逃してはなりません。
　とはいえ、まったく偏見をもたないという人はこの世にいません。生まれ育った環境や学校教育、新聞・テレビなどのメディア、そしてさまざまな個人的体験によって、知らず知らずのうちに固定観念や先入観をもってしまうのです。まずは自分のステレオタイプや偏見を知ることが、ダイバーシティ・マネジメントを成功させるためには必要です。
　では、次のような事例で問題になるのはどんなことでしょうか。一緒に考えてみてください。

【事例1】 お弁当を作る女性はお嫁さん候補No.1

　私が20代後半、米国系銀行に勤務していたときです。ある日のランチタイム、私が手作りの弁当を社員食堂で食べていたら、日本人の男性社員から「いやあ、自分で作ったの？　君はいいお嫁さんになるよ。僕もね、お弁当を作ってくれる嫁さんが早くほしいよ」と大きな声で話しかけられました。
　私は弁当作りと誰かのお嫁さんになることを結びつける、この男性の考え方に困惑しました。私は弁当ではなく、仕事で評価されたいと思っていたの

で、とても嫌な気持ちになりました。

私の隣では、買ってきたパンを食べている同年代の女性がいました。彼女との間に気まずい空気が流れたのを覚えています。

〈ポイント〉

「彼女は結婚しておそらく辞めるだろうから、今回の昇進は見送ろう」

性別によって人間を「型」にはめる発言は、職業上の差別につながりかねません。また、セクシャル・ハラスメントに発展する可能性もあります。

ちなみに、性別による役割分担の考え方は、親、教師、同僚などの影響を強く受けています。

【事例2】 社長との会食より自宅の食事当番を優先する現地社員

日本の本社から中国へ赴任したYさんは、現地責任者として中国人の部下を指導・監督していました。そのなかに、ひとりの優秀な部下Aさんがいました。

Yさんは、Aさんを自分の後継者として現地のヘッドに推薦しようと思っていた矢先、本社の社長が来訪することになりました。めったにない機会なので、Yさんは夕食の席を設け、Aさんを同席させようと計画しました。社長にAさんの優秀さをわかってもらう絶好の機会だし、Aさんも喜ぶはずだと思ったからです。

ところが、Aさんは「その日は僕が夕食を作る当番なので、社長との夕食はご一緒できません」とあっさり断ってきました。Yさんは、Aさんに対して怒りと失望を感じました。

なぜ、Aさんはせっかくのチャンスを棒に振ったのでしょうか。

じつは、中国では夫婦共働きが多く、食事の準備は当番制が普通。また、一人っ子政策のもとで子供は大切にされています。子供のために食事を作ることは、仕事より優先される大切なことなのです。

〈ポイント〉

Yさんが日頃からAさんと、どのようなコミュニケーションをとっていたかが鍵になります。自分の後継者として期待していることをきちんとAさんに伝えてあったのでしょうか。

また、AさんがYさんの考えに納得していたかどうかも重要です。必ずしも、Aさんが組織のなかで昇進することを望んでいるとは限らないのです。

▶「文化的能力指数」を高める

多様性に富んだ人たちとうまくコミュニケーションをとっている人には、どんな共通点があるのでしょうか。

エレイン・モサコフスキーは、企業文化の違いや国籍を越えてコミュニケーションをとる場合、**CQ（Cultural Intelligence：文化的能力指数）という能力が必要**であると指摘しています。

> どこの国にも独自の文化があるように、多くの企業にも固有の社風がある。新入社員がその企業に慣れるまでには数週間かかる。さらに大企業になれば、対立する派閥があったり、営業部は技術部と言葉を交わさないとか、広報部と顧問弁護士が犬猿の仲といった裏事情があったりする。

私は人事部で企業の新人研修実施に8年間関わってきました。学生から社会人になったばかりの彼らは、4月の入社式で自分たちのことをつい「内定者」と呼ぶこともありました。学生から脱皮して、入社した会社の社風に慣れ、適応していくには何週間、人によっては何カ月もかかるものです。

また、外部の人間にはその組織が抱える裏事情——政治的背景・価値観・しきたり・タブーなど——は見えにくいため、そのことが原因で誰かのご機嫌を損ねる可能性も大いにありえます。

そんな落とし穴にはまらないためにもCQを高める必要があると、モサコフスキーは主張します。

CQには、ステレオタイプに惑わされない「認知」、態度や表情を相手に合わせる「行動」、そして、うまくいかないことがあっても、いつかはわかり合えるという前向きな「感情」の3つの側面があります。

CQが高い人は、異文化を理解できる手がかりを見つけるのに優れています。そして自ら行動し、相手に対して「あなたと私は同じ世界にいますよ」と示します。さらに、いつかは異文化を理解できるという自信や粘り強さを備え

ています。
　CQがIQ（知能指数）と異なるのは、自分の努力で身につけることができるという点です。自分の足りない部分を認識し、その事実を受け入れ、そして学習するのです。実際に身につくまでには、相当な時間と精神的な強さが求められます。

▶部下の動機づけが不可欠

　CQを高めたいと思うリーダーなら、**すべてのメンバーが「自分はこの職場で存在価値があり、重要な仕事を任されている」という意識をもつように**導かなければなりません。
　2005年に放送されたNHKテレビ「クローズアップ現代」では、その年に日本一になったプロ野球チームを取材していました（7月25日放映）。番組タイトルは、「部下の能力を引き出せ～躍進ロッテ バレンタイン監督～」。そのなかでバレンタイン監督は、監督としての重要な仕事について「ベストのプレーを選手から引き出すには、すべての選手に自分が重要な役割を果たしているという認識をもたせること」と語っています。
　また、製薬会社の新入社員には、こんなメッセージを送っていました。
「仲間を賞賛することが大切です。誰かがよい仕事をしたとき、組織全体がそれを認識することが重要です。そして、私たちがベストであるという信念を共有するのです」
　バレンタイン監督は「個人」に目を向けながらも、「チーム」の一員であることの自覚と責任をつねに呼びかけていました。
　多様性が尊重される組織（ダイバーシティ）をタペストリーにたとえるならば、リーダーとは縦糸と横糸が交差してそれぞれの色、形、太さ、風合いを生かし、美しい作品に編み込む、その人であるといえます。
　しかし、すべての人（糸）がその美しさ・個性を保って組織（作品）に貢献する職場環境を実現するのは簡単なことではないでしょう。一度タペストリーが完成しても、時間が経てばほころびたり、穴が空いたり、虫食いができたり、色あせたりするからです。

▶「虫の目」で念入りに観察する

　ユーミンこと松任谷由実さんのアルバム『水の中のアジアへ』は、1981年の発売でした。

　当時、社会人1年目だった私は、このアルバムをレコードで何度も聴き、和服を着たユーミンがシンガポールのホテルでアジア産の観葉植物を背景にイスに座るジャケットから「日本人はアジアの一部なのだ」と強く意識しました。メロディと歌詞を通して、その場所に吹く生暖かい風や景色を思い浮かべたものです。

　ユーミンはアジアを「水の中」と表現しましたが、「日経ビジネス」(2013年8月9日発行)では「海のアジア」「陸のアジア」「若者たちのアジア」と分類し、アジアの国は一色ではないと論じています。そして、このことから「鳥の目」「魚の目」も重要だが、<u>ミクロを見る</u>**「虫の目」**<u>が不可欠</u>であると述べています。

　国境で文化を分類するのは、大雑把すぎて実態を把握することはできません。たとえば、マレーシアではマレー系、中国系、インド系の民族が混在し、さまざまな言語や宗教があります。

　また、インドネシアの巨大で多様な人々の集まりに先入観は通用しません。そして、許容するしかない豊かな多様性は変化し続けています。

　このような事実からも、ビジネスチャンスをつかむには、「虫の目」で細かく見ていく必要があるのです。

　同誌では博報堂の原田曜平氏も「アジアの若者」について寄稿しています。それによれば、東南アジア市場の平均年齢は20代。つまり、アジアにおける「マス」は「若者」なのです。日本の平均年齢45.8歳と比較すると大きくかけ離れています。

　ビジネスチャンスは、若者にあるといえるかもしれません。アジアの若い世代の嗜好や傾向を知らずして、これからの日本は生きていけないかもしれません。

ダイバーシティ感覚を身につける
―― これで異文化コミュニケーションが得意になる!

▶「違い」を楽しむことがコツ

　まったく異なる考え方や行動、習慣などに出合って、それまでの常識がくつがえされることがあります。当然、ショックを受けます。これがカルチャーショックです。

　自分の常識は、他人にとって非常識――。この行き違いは日常、私たちの周囲で頻繁に起こります。身近なところでは、日本各地で異なる食べ物や食べ方、風習など、テレビ番組で紹介されるたびに驚かされます。また、世代間の考え方のギャップにもショックを受けます。まさに、カルチャーショックの連続です。

　ましてや地球規模で見れば、国連加盟国だけで193カ国あります（2014年1月現在）。カルチャーショックは当たり前です。宗教観など文化の違いや育った環境の違いを知ることは、海外でビジネスを展開するうえでも非常に重要です。

　以前、俳優の渡辺謙さんがテレビのインタビュー番組で、「海外の撮影現場で、文化の違いに戸惑うことはありますか？」という質問に「もちろん文化の違いに驚くことがあります。でも、僕はその違いに対して、『ほぉ、なるほど』と違いを楽しむようにしています」と答えていました。

　「違いを楽しむ」というのは、面白い視点だと思います。自分の価値観を押しつけるのではなく、相手の価値観を理解して尊重する――。

　これは、なかなかできることではないでしょう。しかし、このようなスタンスでいれば、相手を受け入れる度量が広くなり、自分もイライラせずに平和な心を保つことができるのではないでしょうか。

▶ カルチャーショックは突然やってくる

　文化というと、美術館で絵画を鑑賞したり、コンサートホールでクラシック音楽に耳を傾けたりすることだけではありません。生まれ育った田舎町で話される方言も立派な文化です。

　また、交通マナー――たとえば、大阪と東京ではエスカレーターに立つ位置が違う――や家庭ゴミの出し方など、日常生活における身近な習慣も文化に含まれます。あるいは、「父親が最初にお風呂に入る」といった暗黙の了解もその家庭の文化です。

　じつは文化には、4つの特徴があります。
① 食事のときに箸を使うことなど、普段は「意識しない」
② 生まれつきではなく、親の教育などによって「学習される」
③ 日本文化・企業文化のように集団で「共有している」
④ 世代から世代へ脈々と駅伝のタスキのように「引き継がれる」

　このうちのひとつ、普段は意識しないものを意識せざるを得ない状況、それこそがカルチャーショックです。

　たとえば、箸でなく素手で食事をする人に対して「え、なにそれ？　信じられない！」と驚いたとき、初めて「自分の文化」に気づくのです。

　また、誰でも「文化の移動」を経験します。

　幼稚園から小学校、中学校、高校、大学、社会人へと成長するなかで、進級して新しい学校に入る、親の仕事の都合で転校する、一人暮らしを始める、転勤や転職で新しい職場に通う……。これを文化の移動といいます。

　こうした人生の節目で、自分の置かれた環境が変わるとき、その変化になじむには多少の時間がかかるものです。

▶ 食文化の違いを侮らない

　心理学者アブラハム・マズローの「欲求段階説」は、発表されて50年以上経過しましたが、現在でも人間心理学の基礎理論として評価されています。人間には基本的な欲求があり、それは並列ではなくピラミッド型の階層に

なっていると論じています。まず、生命に関わる「生理的な欲求」が土台となり、「安全・安定の欲求」「社会的欲求」「自我・自尊の欲求」と続き、頂点が「自己実現の欲求」であるとしています。

　このうちの生理的な欲求を満たすには、食糧も重要な要素ですが、しばしば食糧に関しては文化の違いが大きな問題になります。最近では、2013年に就任したキャロライン・ケネディ駐日米大使のツイッター投稿が注目を集めました。朝日新聞（2014年1月23日）はこう報じています。

> ケネディ大使は今月18日、「米国政府はイルカの追い込み漁に反対します。イルカが殺される追い込み漁の非人道性について深く懸念しています」と書きこんだ。これに対し、菅義偉官房長官は「イルカ漁業は我が国の伝統的な漁業の1つで、法令に基づき適切に実施されている。米国に日本の立場を説明していく」と発言。和歌山県の仁坂吉伸知事は「クジラやイルカを殺すところだけ残虐というのは論理的でないと思う」と述べるなど、反発も広がっている。

　イルカやクジラを保護することと、病気になったペットの猫や犬を心配すること、あるいはイルカ漁や捕鯨と、牛や馬が食肉として解体されること……。これらに共通することや違いを明確に説明してくれる人がいたら、教えてもらいたいものです。

　小さな昆虫のバッタに対する感覚もさまざまです。大量発生すると農作物に被害を与える害虫ですが、「いなご」と呼ばれて食卓に乗ることもあります。また、ペットのようにかわいがる人もいます。

　食文化の違いによるショックは、ことのほか大きいものです。私は香港で原形をとどめた蛇が入ったスープを出されたとき、口をつけるかどうか迷いました。現地の人たちでにぎわう食堂で、どのように振る舞えばいいのかわからなかったのです。

　もっとショッキングなのは、たとえば犬食文化。犬をペットとしてかわいがっている人が、招かれた食卓に犬を使った料理が出てきたら、どんなリアクションをするでしょうか。

　食文化の違いは、人間の欲求の本能的な部分と結びついているだけに、私たちは敏感に反応してしまいます。

自分と違う食文化の人たちを侮ることのないよう気をつけていきたいものです。

▶非言語コミュニケーションを活用する

　多様な国の多様な人たちとのコミュニケーションの手段は、やはり「言葉」でしょう。多文化組織の多国籍企業では、言葉の壁で苦労することが多いのは事実です。それを乗り越えるためには、共通言語といわれる英語を身につけるか、お互いの言語を学ぶかしかないわけです。

　しかし、非言語コミュニケーションでも、ある程度の意思の疎通は可能です。むしろ、言葉より表情やしぐさ、態度からメッセージが伝わることは少なくありません。つまり、私たちのコミュニケーションは言語的なもの（話し言葉・書き言葉）以外の「非言語的な要素」にも大きく影響されるのです。

　非言語的な要素には、次のようなものがあります。
①何かを強調したり、質問するとき語尾を上げたりすること
②声の質・大きさ・高さ・速度
③顔の表情、目の動き、ジェスチャー、姿勢
④対面している人との距離・角度・姿勢
⑤時間の感覚

　日本ではお辞儀のしかたや名刺交換など、ビジネスマナーの講座や解説書は山のようにあります。それだけ非言語コミュニケーションが大切であるといえますが、マナーのスキルだけを身につけても、国が違えば通用しないこともあります。

　マナーは心を形にしたものといわれますが、なんといっても万国共通の非言語コミュニケーションは「笑顔」です。すべてのコミュニケーションの入り口でもある笑顔は、相手に対して心を開いていることのあらわれです。

　非言語コミュニケーションを成功させるポイントとして、T・シンゲリスは次の3点を挙げています。
①解釈を急がない
　国や文化によって、特有の意味をもつ表情やタブーなジェスチャーがある

ことを理解することが大切です。仮に不愉快な態度をとられたとしても「まあ、なんて無礼な！」と瞬間湯沸かし器のように怒りをあらわにしないで、「あ、これは文化の違いからきているものではないか？」と、少し余裕をもって解釈することが必要でしょう。

②**自分の非言語コミュニケーションに気づく**

　自分が醸し出している雰囲気、つまり日頃の服装や身だしなみ、態度が他の人にどのように映っているのかを知っておくのは極めて重要です。自分を客観的に見る目をもつことは、マネージャーに限らず人と良好なコミュニケーションを持続させるための基本です。

③**相手の非言語コミュニケーションに合わせる**

　相手の口から出る一言一句に振り回されるより、非言語コミュニケーションの意味に合わせていくほうが摩擦を起こさないで済みます。相手が示す非言語コミュニケーションの意味についてわからなければ、その相手に教えてもらうという謙虚な姿勢が大切です。

　最近のスマートフォンの普及は目を見張るものがあります。アジアの若者にも広く行きわたっているようです。

　私は大学でビジネスメールの書き方を教えていますが、そのなかで思うことは「顔文字」や「絵文字」がそのうち主流になるのではないかということです。パソコンのキーボード入力をしたことがない大学生が増えている現状です。顔文字や絵文字を使うのは、現在のビジネスマナーとしては失格ですが、**微妙な気持ちを表現できる手段としてビジネスの現場でも使える**機能になるのではないでしょうか。

　日本の若者がやっているSNS（ソーシャル・ネットワーク・サービス）やfacebookで顔文字、絵文字は当たり前。LINEではスタンプの多様な絵を使い、文字はなくてもスタンプの絵だけでコミュニケーションが可能になっている時代です。

　将来、「拝啓　時下ますますご清栄のこととお慶び申し上げます。平素は格別のご高配に……」などという堅苦しい書き方は「化石」になる日がくるかもしれません。

第3章
アジアに進出する企業の経営戦略

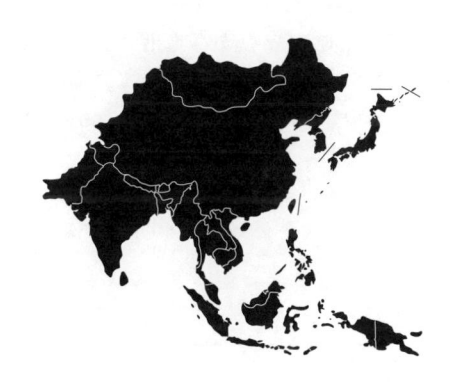

成否のカギを握るのは「経営戦略」と「マーケティング」

　私は、サラリーマンとして約30年間、会社勤めをしました。その会社は、当時日本で一番大きな損害保険会社でした。その会社に勤務しているときは、営業部門と企画部門を交互に異動しながら退職するまで、12回の転勤を経験しました。大変立派な会社であり、優秀な先輩が多く、私が今日あるのもその会社のなかで鍛えられたためと感謝しています。

　ところが、会社全体としては戦略性の弱い組織でした。経営戦略がないとはいいませんが、オペレーション技術には優れていたものの、「戦略」という点では疑問符が立ちます。じつは日本企業の大多数には、十分な経営戦略が見受けられません。

　しかし、海外に進出しようとするなら、もうそんなことはいっていられません。

　海外進出を役員会や経営会議で決定されたら、その事業で一定の成果を上げることは「責務」となります。

　ところが、現地法人ができた時点で体力を使い切ってしまう場合が多いのではないでしょうか。現地法人を活用して、自社製品を消費者の目の行き届く所に届けてこそ、仕事です。

　ここで大切なのは、明確な経営戦略を立てておくことです。とくに、中長期的な戦略が必要とされるでしょう。さまざまなリスクを克服しながら、マーケットと販売網を築く必要があるのです。

　また、日本企業は、マーケティングに弱いところがあります。私もサラリーマン時代、マーケティングの経験がありますが、横並び意識の強い日本人社会のなかでは、なかなかマーティング感覚を磨くことができませんでした。

　しかし、日本企業が海外へ進出する際、新興国のニーズを理解せずに、つまりマーケティングをしないで進出した場合は、大変苦労することになります。

　この点について、韓国企業はお手のものです。たとえば、韓国のグローバル企業のLG社は、イスラム教徒向けに、1日5回、コーランが流れる薄型テレビを販売しています。とても日本企業では真似できません。

　この章では、マーケティングを含めた経営戦略の必要性について考えていきましょう。

(黒田秀雄)

なぜ、経営戦略が必要なのか?
―― 海外のライバル企業は一歩進んでいる

▶ 経営戦略に長けた韓国企業

　韓国のグローバル企業では、サムスン、現代自動車の2社が極めて有名ですが、ここではLG社へ焦点を当ててみましょう。

　LG社は、電気・電子関連、化学関連、通信サービスを主たる事業として、韓国国内54社、海外子会社147社を擁するグローバル企業で、売り上げの88%が海外によるものです。

　同社の創業は1947年。もともと化学からスタートした会社です。当初は、楽喜化学工業という社名で、『ラッキー』という商標の化粧品を製造販売していました。3代目の具本茂氏が社長に就任した1995年、社名をLG社に変更したのです。

　現在、そのLGグループの一員であるLG生活健康社は、化粧品や日用雑貨、飲料を扱うメーカーですが、アジアを戦略ターゲットとして考えています。ここでいうアジアとは、韓国以外の中国を含めた東南アジアを中心にした市場です。LG生活健康社の経営戦略は、CEOのメッセージから読み取れます。

　それは、「確実な差別化の追及」「競争における確実な優位の確保」「確実な差別化を追及し、競争のおける確実な優位性の確保と、お客様との特別な関係を構築する」というものです。

　文字通り、競争戦略のなかで確実に差別化を図り、顧客の囲い込みを徹底する作戦です。そして、これを実現するために、非常にスピーディな投資行動を繰り返しています。

　たとえば、同社は日本の化粧品製造販売会社の銀座ステファニー化粧品を、2012年2月に買収しました。それは、銀座ステファニーのアンチエイジング

(抗加齢)化粧品の販促手法を取り入れるためでした。

次に2013年1月には、ヒアルロン酸サプリメント「皇潤」で知られる健康食品会社エバーライフ社を買収しました。これは、中高年向け商品の開発力を自社に取り込み、アジアへ輸出するためです。このように経営戦略を定め、スピード感覚をもってターゲットとなる市場を開拓するのです。

その後、世界各国の富裕層にターゲットを絞り、市場開拓に乗り出したと思ったら、今度はミドル層・ロアー層への戦略を練っているようです。

韓国政府が積極的に行っている「文化の輸出」も、LG社の経営戦略へ拍車をかける材料となっています。韓国の女優さんはみんな肌がきれいであるため、進出する国の女性の憧れに通じるからです。結果として、LG生活健康社の化粧品が売れることになります。

売れ行きは上々。日本企業にとっては脅威です。たとえば、ベトナムでは2012年、それまでトップブランドだった資生堂の化粧品が、LG社の主力商品である『フー』にその座を明け渡してしまいました。

LG生活健康社の化粧品売上高は、2008年に6000億ウォン(約540億円)であったものが、2012年には1兆5000億ウォン(約1350億円)。わずか4年間で、売り上げが2.5倍となりました。LG生活健康社の化粧品が東南アジアの化粧品市場の台風の目となるのは必至でしょう。

同社が躍進を続けるのには、理由があります。それは経営戦略にあります。**富裕層をターゲットとして売り込みをかけ、次にボリューム・ゾーンである中間層を狙い打ちにし、最後はBOP層まで取り込んでいく**——。「戦略」が非常に明確です。

▶ホンダ二輪のアメリカ進出

かつて日本企業も、海外市場で果敢に戦いました。たとえば、本田技研工業(ホンダ)。ここに紹介するのは、同社が経営戦略を考えずに海外へ進出したものの、キャンペーンによって大成功を収めた「二輪」と、しっかりした経営戦略の絵図を書いて成功した「ジェット機」の2つの事例です。

どちらも進出先はアメリカですが、経営戦略の問題点を正面から捉えてい

るので、読者の皆さんに参考になると考えています。

　まず、ホンダ二輪のケース——。創業まもないホンダは、「規模が大きな中小企業」といったイメージの会社でした。現代の学者の一部は、この事例をリバース・イノベーションとか、BOPビジネスを起点にしたイノベーションのように解釈していますが、事実とは異なります。
　たとえば、スチュアート・L・ハートは『未来をつくる資本主義』のなかで、この事例をBOPビジネスを起点にしたイノベーションの事例として取り上げていますが、それは誤解です。ただし、BOPビジネスを考えるうえで、この事例が参考にならないというわけではありません。

　ホンダ二輪をアメリカに売り込んだのは、河島喜八郎氏です。ホンダが創業8年目の頃、河島氏は社命を受けて東南アジアとアメリカを視察。その後、「東南アジアは二輪（オートバイ）のニーズは高いが、アメリカは自動車王国であり、二輪は向かない」と本田宗一郎氏の腹心である藤沢武夫副社長へ報告しました。
　ところが、藤沢氏の判断はアメリカ進出でした。ホンダにとって、アメリカでチャレンジすることは最も難しいことかもしれないけれど、輸出拡大に向けた大事なステップであるというのが、藤沢氏の持論だったのです。
　1959年6月、河島氏はアメリカのロサンゼルスに、アメリカ・ホンダの本拠地として新会社を設立しました。
　しかし、当時のアメリカの二輪業界は年間生産5〜6万台程度のマーケットサイズ。日本の10分の1に過ぎませんでした。ユーザーはごく限られたレジャー愛好家やレースマニアで、排気量500cc以上の大型バイクが主流だったのです。そのうえ、「黒い皮ジャンパーを着たアウトロー（無法者）たちの遊び道具」という邪悪なイメージもついて回りました。
　その結果、オートバイは大衆商品としての評価は低く、販売店も薄暗く、汚いところが目立っていました。
　このような状況を河島氏が知らないわけがないと思われますが、ここまでの状況を見る限り、ホンダのアメリカ進出は戦略なき海外進出の典型といっ

第3章 ▶ アジアに進出する企業の経営戦略　73

ても差し支えないでしょう。

　ともあれ、アメリカ・ホンダは1959年9月から営業を開始しました。当時、販売していたのは、「ドリーム（250cc、350cc）」「ベンリイ（125cc）」「スーパー・カブ（50cc）」の3車種です。

　総販売台数は最初の年は170台余りでした。マーケット調査を十分にしないで進出した企業によく見られるパターンです。おそらく、河島氏は本社から「なぜ、売れないのだ？」と詰問されたことでしょう。

　翌年1960年、ようやく月間の販売台数が数百台を超えるようになりました。このまま、順調な伸長を期待しましたが、今度はたいへんなトラブルが発生しました。主力商品であるドリームとベンリイのエンジンが、過熱で焼きついたのです。販売した150台の製品に、同じ現象が起きました。

　河島氏は販売した商品を回収したうえで、在庫と日本から船積みにされてきた同型の商品も併せて、すべて日本に送り返しました。そして、日本でエンジンに十分な改良を加え、ユーザーに提供しました。

　こうしたお客様本位の姿勢は、アメリカの販売店から大きな信用を得ることにつながりました。

　同時に、ホンダの製品や技術力も高く評価されるようになりました。当時のアメリカで販売されているオートバイは、ほとんどが油漏れしていましたが、ホンダの製品に油漏れするものはありませんでした。

　この一連のホンダの動きが、ユーザーと販売店の信頼につながったのは間違いありませんが、さらにもうひとつのポイントとして、現地の河島氏の決断を本社がしっかりとフォローした点が挙げられます。

　一時的に主力商品がなくなったため、残った商品、すなわちスーパーカブ（50cc）が商品の中心となりました。スーパー・カブの値段は、250ドル（当時1ドル360円で9万円）です。小型のスーパー・カブは、大型オートバイとは違って暗いイメージはなく、オートバイらしからぬオートバイ。しかも、大学生が小遣いやローンで買える値段であるため、キャンパス間の移動手段として注目されるようになりました。

　西海岸で有名なロックバンド「ザ・ビーチ・ボーイズ」が、スーパー・カ

ブをテーマにした楽曲「リトル・ホンダ」をヒットさせるほど、人気は高まりました。

ここで、河島氏はスーパー・カブをさらに売るために、新しい販売網——スポーツ洋品店や、アウトドアショップなど——の構築に乗り出しました。

つまり、<u>主力商品がないピンチのときに、在庫として残っていた既存商品で新しい市場を構築した</u>のです。この発想は賞讃に値するでしょう。

そして1962年12月、同社の年間販売台数は4万台を突破、契約販売店は750店となり、全米一の販売網が構築されました。

さらにイメージアップを図るさまざま戦略を展開しますが、そのなかでも特筆に値するのが、「ナイセスト・ピープル・キャンペーン」です。

これは、アメリカ・ホンダが大手広告会社・グレイ社とタッグを組み、日常の暮らしに密着した手軽な乗り物としてのオートバイ・モーターサイクルの新しい存在価値を強烈に訴え続けたものです。

このときのキャッチ・コピーは「素晴らしい人々、ホンダに乗る・You Meet The Nicest People on HONDA」でした。

このキャンペーンは大成功を収め、スーパー・カブは誕生日やクリスマスのプレゼントとしても人気を集めるほどになりました。学生やビジネスマン、主婦など多くの層から支持を得て、大衆商品として認められるようになったのです。また、グレイ社の勧めで、日本企業としてはじめて「アカデミー賞授賞式」のスポンサーとなりました。これは、その後のアメリカ・ホンダ躍進の起爆剤にもなったといわれています。

主力商品が店頭から消えるという悪夢から一転、在庫に埋もれていた50ccバイクが大ヒットするというのは、まるで奇跡のようです。しかし実際には、奇跡でもなんでもありません。コツコツと築き上げていった自前の販売網から、マーケティング情報がもたらされていたのです。

このように、河島氏は必ずしも、しっかりした経営戦略を携えて海を渡ったわけではありませんが、<u>感性と情熱によって「販売網」と「市場」を獲得した</u>好例といえるでしょう。

▶ホンダジェット成功の秘密

　この事例は、ホンダの創業者本田宗一郎氏の夢を見事に戦略化したビジネスプロジェクトです。
「ビジネスジェット」という言葉は日本では聞き慣れませんが、映画スターのようなセレブやグローバル企業のCEOが愛用している交通手段、といったイメージでしょうか。
　ビジネスジェットの保有台数が多い国は、1位がアメリカの1万7905機、2位カナダの1068機、3位ブラジル1010機です。一方、日本はわずか55機（2009年12月現在。国土交通省のビジネスジェットの推進に関する中間報告より）。
　ホンダエアクラフトカンパニーのCEOである藤野道格氏は、ホンダジェットの開発に携わって25年。アメリカの約1万8000機のビジネスジェット市場に、自動車会社としてはじめて乗り込み、発売前から約100機の受注を収める好スタートを切りました。

　まずは、プロジェクトがスタートした経緯から説明しましょう。
　創業者の本田宗一郎氏は、戦時中に航空機エンジン用のピストンリングを開発・生産していたこともあり、戦後も「軽飛行機を開発する」と宣言していました。この創業者の夢を実現したのが、2015年から顧客にデリバリーされるホンダジェットなのです。
　ホンダは、**25年間の年月をかけて航空機産業へ参入する経営戦略を立てました**。まずは藤野氏を「航空機人」として人材育成し、実験機を2機製造。日本政府からの補助金はなく、自前で航空機の本体とエンジンをの両方を製造・販売するという、日本の航空機業界ではあり得ない快挙を成し遂げました。まさに、革新的なイノベーションそのものです。
　また、世界の自動車会社は、航空機産業から撤退することはあっても新たに参入することはありません。ホンダは例外中の例外なのです。
　しかも、藤野氏が開発したホンダジェットは、主翼の上に支柱を立て、その上にエンジンを搭載するという、これまで実用化されたことのない斬新な航空機で、世界の航空専門家たちを驚かせました。

従来のビジネスジェットよりも燃費が二十数パーセントよく、騒音も少なく、客室（キャビン）も広くゆったりとした高性能な小型ジェット機です。自動車メーカーの強みを発揮した内装になっており、ワンランク上のビジネスジェット機として高い評価を得ています。
　このプロジェクトの原点は、1986年に新設された基礎技術センターにあります。同センターは本田技術研究所内にあり、二足歩行ロボット「アシモ」などと同じように研究開発をスタートさせました。
　そして1990年半ばまでに、小型の実験機を2機開発し、実際に飛ばしました。ホンダジェットの原型は、2003年12月に初飛行しています。つまり、商品化モデルの原型ができるまでに、17年の歳月を費やしたことになります。まさに、長期的な経営計画と経営戦略の賜物です。
　それでは、自動車会社が、航空機産業に乗り出すという、決して平坦ではない道程を振り返ってみましょう。

❶人材育成

　1986年、入社3年目の藤野氏と若い技術者4人を、アメリカのミシシッピー州立大学ラスペット飛行研究所に送り出し、小型機の研究開発の基礎勉強をさせます。藤野氏らは、飛行機を作るための基礎を現場で学びました。文字通り、手作りで飛行機を作る方法を教えられたのです。後年、この経験はホンダジェットの開発に大いに役立ちます。
　このようなスタイルは、創業者の本田宗一郎氏が工場の現場に立ち、久米是志氏や川本信彦氏たちを鍛えた光景にオーバーラップします。

❷実験機作り

　2機の実験機を作り、2機目では、超小型実験機として本格的な開発をスタートさせます。
　この実験機は当時、「売る飛行機」として最新の先端技術をすべて取り入れて開発したものでした。飛行機を設計するためのいろいろな解析ツールや設計のための計算プログラムなども自前で開発しました。
　また、この実験機は全複合材（オールコンポジション）の機体として製作

されました。この試みは大きなメリットが期待できますが、その一方で設計も製造も難しく、手間もかかります。製造のノウハウが確立されていないため、手探りでの開発でした。

2機目の実験機は、1993年に初飛行が成功し、その後約3年半、ラスペット研究所とともに各種の試験を行いました。

人材育成を始めてからここまでに10年間が経過しています。藤野氏は後日、当時を振り返って「ようやく、航空機開発というものの全体像がわかり、大きな手ごたえを感じて自信となった」と述べています。

❸ 上層部を説得した藤野氏の情熱

川本社長時代、ホンダは大企業病といわれていました。そのため、川本氏は大胆なコストカットを実践していました。

このような経営環境のなかで、ホンダの上層部としては、10年の歳月をかけた航空機開発は大きな区切りがついたと判断し、ここで研究を中止させようとしていました。航空機開発は無謀なプロジェクトであるとして、計画そのものを終了させようとしていたのです。

そこで藤野氏は一計を案じます。ここで研究を中止されれば、航空機開発は二度と日の目は見ないと考え、川本社長に直談判したのです。そのときに申し入れた内容は「大きなお金を費やす実験機の開発ではなく、空力や構造などの要素的研究」の継続でした。藤野氏の強い意志と情熱が川本社長に伝わり、研究は継続されることになりました。

その後、約1年半かけて自らが開発した新しいプランによる航空機の商品化に着手します。その練り抜いたアイデアを川本社長に提案し、経営会議の場で小型ビジネスジェットの開発プロジェクトが新たに承認されたのです。ホンダジェットの商品化が正式に決まった瞬間です。

また藤野氏は、今までの研究成果を米国航空宇宙学会（AIAA）で論文として発表しました。前述の「主翼の上に支柱を立ててジェットエンジンを載せる」というモデルです。

この論文は高く評価され、米国航空宇宙学会の「エアクラフト・デザイン・アワード」を受賞しました。世界の航空技術者の間で最も権威のある賞であ

り、日本人では初めての受賞です。アジアでも前例はありません。

❹ホンダのF1撤退と航空機への参入

　2006年3月、藤野氏は福井威夫社長と青木哲会長にホンダジェットに関する近況報告をします。併せて、福井社長へ事業化への決断を促しました。

　このとき、福井社長は「ホンダはやっぱりパーソナルアビエーション（公共交通でない用途としての設計開発された航空機）で切り開いていくんだよなあ。パーソナルモビリティ（公共交通でない用途として設計開発された乗り物）のカンパニーなんだよな。リスクもかなりあるけど、パーソナルアビエーションというのは、やっぱりホンダの方向性だよなあ」と述べられたそうです。

　じつは当時、ホンダはF1から撤退しています。そのとき、とても悔しそうな表情を見せた福井社長を思うと、この航空機開発に対する決断にはものすごい覚悟が感じられます。

　このようにして商品化されたホンダジェットは、2015年から1機約4億7000万円で顧客にデリバリーされる見通しです。アメリカでのホンダのブランド力は日本以上に高く、ホンダジェットには「シビックジェット」という愛称までついています。

　ホンダジェットの開発については、**創業者である本田宗一郎氏の夢を経営戦略として実現した**ものであるといえるのではないでしょうか？　商品が顧客にデリバリーされるまでには、足かけ30年の歳月と巨額な開発費が投じられています。

　日本の企業は、トヨタの「カンバン方式」のようなオペレーションシステムを構築する力は他国に負けませんが、ホンダジェットのような一見無謀なプロジェクトを経営戦略のなかに組み込み、絵（ビッグピクチャー）を描くことはたいへん不得手です。

　これからアジアに進出しようとする企業にとっても、長期的な視野に立った経営戦略はとても重要でしょう。

経営戦略の方向性を定める
―― 経営戦略策定の基本とツボ

▶ 参入する国をマーケット分析する

　すでに世界のグローバル・プレイヤー（多国籍企業など）が市場を押さえており、さらに中国、韓国が参入、しかも現地の企業も強い。それがアジアの市場です。決め台詞のように、「メイド・イン・ジャパン」が相手に通じた時代は、遠くに過ぎ去ったと思ったほうがいいでしょう。
　それでは、どのような経営戦略が通用するのでしょうか。
　アジア市場に参入するには、競争を避けることができないことはいうまでもありません。自社商品のブランド力には多少の自信があったとしても、彼の地ではまったく知られていないと考えるべきです。
　こんな状況のなかで、もし読者の皆さんが、経営戦略を策定する企業参謀だった場合は、どのような方針で臨むでしょうか。
　まずは、参入しようとする国で、自社の売りたい製品と同じような製品がどのような市場で流通しているかを調査することから始める必要があります。
　たとえば、化粧品や食料品などのようにB to Cのような製品であった場合は、どのような年代の購買層が、どのような価格帯の製品を購入し活用（消費）しているかを十分に把握する必要があります。
　そして、消費者に渡るまでの流通経路と販売網がどのようになっているのかを十分に調査しなければなりません（詳細は後述）。つまり新興国では、製品、流通経路、小売店をひとかたまりで見ることも重要なのです。
　このとき、TOP（富裕層）を開拓することで、購入者の口コミや宣伝で、MOP（中間層）やBOP（貧困層）へ浸透していくかどうかの見極めも肝心です。
　東南アジアの市場では、TOP層からMOP層へと下る作戦も通用するでし

ょうが、こうした宣伝効果を安易に期待するのは禁物です。

　たとえば、インドではカースト制度が残っているために、各階層の間に溝ができています。そして、その溝は容易には越えられません。つまりTOPという「上流」から「下流」へ下るような戦略は通用しないと考えなければならないのです。まずは、**ターゲットとなる層が、TOP層か、MOP層か、BOP層かをセグメントし、日本の本社とターゲットゾーンについて意見調整をする**ことが大切です。

▶先行する企業の商品を調査する

　ターゲットとなる市場が決まったら、競合相手について検討する必要があります。たとえば、ターゲット市場がボリュームゾーンのMOP層であるとすると、先に参入していたグローバル・プレイヤーやK・POPなどとともに新規参入した韓国企業と激しい競争が繰り広げられることになります。また、現地の企業も手強いライバルです。

　しかし、だからといって、おめおめと尻尾を巻いて日本に帰ることはありません。このような場合には、「**フォロワー戦略**」をとればよいのです。

　まず、しなくてはならないのが、その地で人気を博している製品の徹底調査です。その製品の人気の理由を分析し、自社製品でその人気商品に近いものか、それを超える製品を投入するのです。

　たとえば、日本やインドネシアの富裕層で人気のある全自動洗濯機が、インドネシアの中間層（MOP）層に人気があるかというと、必ずしもそうとは限りません。インドネシアの中間層では、2層型の洗濯機が人気です。日本人やインドネシアの富裕層のほしがっているモノが、インドネシアの中間層に売れるとは限らないのです。そこを理解するマーケティング感覚が求められます。

　しかし、これだけでは、ライバル企業に勝つことができません。勝つためには、「自社が一番強い地域」をつくる必要があります。つまり一極集中作戦です。これは、「**ランチェスター戦略**」の活用です。

　たとえば、格安旅行で知られるHISは、海外へ進出することを決めたとき、

バリ島に資源(ヒト・カネ・モノ・情報)を集中しました。当時の海外旅行は、JTB、近畿日本ツーリスト、日本旅行社が圧倒的に強い時代であり、そうした強豪を相手に市場で勝ち残るには、一極集中せざるを得ませんでした。

見事にこの作戦が大当たりし、HIS社は次にタイ国へと、自社の強いエリアを広げていきました。これは、まさにランチェスター戦略そのものです。

ランチャスター戦略で、自社にとって強いエリアができると、自社製品の評判(よい点、悪い点)を把握しやすくなります。その情報によって、自社製品はより消費者に寄り添うことができます。

そして、自社製品と他社製品を比較していくことで、さらに市場を押さえることができるようになるでしょう。いずれ、その地域のトップブランドとなり、他社を圧倒していくことになります。

▶ 情報通信技術の活用による経営戦略

戦後の日本が成長した歴史を振り返ると、経済成長するごとにインフラを整備しながら、ステップアップしてきました。ところが、いま、急成長している東南アジアやインドなどの国々では、必ずしもインフラ整備は十分ではありません。電力の供給さえ、ままならぬこともあります。

そのなかで、驚愕すべきなのは携帯電話の普及です。

2013年12月23日の日本経済新聞の「アジア・ビジネス・マップ」には、携帯電話とスマートフォンのアジアの普及率が掲載されました。それによると、香港は229.2%で、1人で2台の携帯を持っている計算です。日本は110.9%なので、**日本の2倍の普及率**ということができます。

さて、固定電話はインフラ(電線や電柱、電話の交換機など)がないと普及しません。そこで、香港、日本、インドネシア、マレーシアの固定電話と携帯電話の普及率を比較してみましょう。

香港は、固定電話61・3%、携帯電話229.2%、日本は固定電話50.5%、携帯電話110.9%、インドネシアは固定電話15.4%、携帯電話114.2%、マレーシアは固定電話15.7%、携帯電話141.3%となっています。

香港や日本は、インフラができあがってから携帯電話が普及したことがわ

かりますが、インドネシアやマレーシアは、**インフラが整備される前に携帯電話が日本よりも普及**しています。つまり、携帯電話という情報通信技術がうまく活用できるしくみ（ビジネスモデル）や活用できる会社が、ビジネスを推進することができるといえるのです。

たとえば、アジアの最貧国であるバングラディシュで、情報通信技術を活用して成果をあげている「雪国まいたけ」の例を考察してみましょう。

雪国まいたけは、ノーベル平和賞を受賞したムハマド・ユヌス氏が率いるグラミングループと提携しました（グラミン・ユキグニマイタケ。2015年1月、ユーグレナ社に事業譲渡）。首都のダッカから片道6時間以上離れた農村地域で、米の二毛作の間の作物として緑豆もやしの種を作り、生産額の半分を日本に輸出しています。

では、どのように情報通信技術を活用しているのでしょうか。

農業に従事している人は約7000名おり、それを束ねているスーパーバイザーが約100人ほどいます。スーパーバイザーは携帯電話、もしくはスマートフォンを持っています。そして、ダッカの**本部とのやりとりは、携帯電話やスマートフォンを活用**します。たとえば、あるスーパーバイザーが担当している畑の生育状況を、携帯電話やスマートフォンで写真を撮って本部に送信し、本部からのアドバイスを受けます。水が足りないとか、肥料をもっとやりなさいとか、指示されるのです。

一方、本部では、その**会社のSNS（ソーシャル・ネットワーク・サービス）に、生育状況をアップ**します。SNSであるからスーパー・バイザーは誰でも、その画面を見ることができます。どの地域の緑豆が、どのような状況かを、全員が情報共有できるわけです。

このように情報通信技術を活用することで、農業という「究極の地域密着型産業」を大規模なビジネスとして成り立たせることができます。もっと多くの農民をマネジメントするも可能です。インフラ整備が不十分な地域であっても、携帯電話の普及をうまく活用することでビジネスが構築できるのです。

さらに従来の国際電話ではなく、インターネットとパソコンを活用した「スカイプ」という新しい通信技術も登場し、日本と現地も簡単にリアルタイムで話ができるようになったことも歓迎したいものです。

どんな市場を狙えばいいのか?
―― インドネシアとマレーシアにおける日本企業の挑戦

▶ 市場と企業の持ち味を活かす

　アジア、とりわけ東南アジアが魅力的な市場であることについて、これまでさまざまな観点から述べてきました。そこで、ここではインドネシアとマレーシアの両国にスポットを当てて、その市場とそこに進出した日本企業の活動を紹介したいと思います。

❶インドネシアのユニチャーム

　インドネシアは、人口が世界で4番目の国です（2011年の推計値で2億4374万人）。一般的には、イスラム教が中心の国であるといわれていますが、キリスト教、ヒンドゥー教、仏教も信仰されています。

　また、一人当たりのGDPは、3563ドルであり、この2年間の伸び率は120%です。GDPが3000ドルを超えると中間層の購買意欲が増え、さまざまなモノを急激に購入する社会となるといわれているので、日本企業としては、大変有望な市場に見えることでしょう。

　このインドネシアの市場で世界のグローバル企業と互角に勝負をしている日本企業としては、ユニチャームが有名です。

　まず、ユニチャーム社の経営戦略を見てみましょう。

　ユニチャームは、紙おむつや生理用品で有名な会社です。同社は海外進出する際、いわゆる「垂直統合型」の経営戦略を展開します。つまり、製造、販売、流通をすべてもつタイプの経営戦略です。

　現地へ進出後、時間はかかりますが、製品市場を自ら構築することになり、大きなシェアをもつことができます。

インドネシア・マレーシアの年齢別人口

	インドネシアの年齢別人口				マレーシアの年齢別人口			
	男性	女性	合計	比率	男性	女性	合計	比率
0〜9	21185	20380	41565	17.9	2804	2650	5454	19.5
10代	20797	20122	40919	17.6	2721	2608	5329	19.1
20代	20634	20388	41022	17.6	2509	2449	4958	17.8
30代	18647	18779	37426	16.1	2038	1973	4011	14.4
40代	15124	15057	30181	13	1750	1695	3445	12.3
50代	10312	10307	20619	8.9	1299	1247	2546	9.1
60代	5646	6537	12183	5.2	681	671	1352	4.8
70代	2995	3842	6837	2.9	288	340	628	2.2
80代	722	1043	1765	0.8	78	113	191	0.8
合計	116062	116455	232517	100	14168	13746	27914	100

出典：(独) 労働政策研究・研修機構 データブック国際労働比較2012，人口・労働人口 統計制度表 第2-6表 性別・年齢階級別人口構成（2010）より作成。

　ユニチャームがインドネシアへ進出する際は、**10年後のインドネシアを見据えて戦略を立てています**。たとえば、生理用品が必要となる10代の女性は2012..2万人です。10年後に、その製品が必要であると思われる10歳未満の女性も2038万人おり、日本のように少子化によって市場が縮小するわけではありません。

　インドネシアでの人口構成は、このところ大きな変化は見られませんが、所得水準が上がっていくことは明白なので、インドネシアの女性にとってユニチャームというブランドが明確に位置づけられれば、今後も市場のなかで優位なポジションを持続することができることになります。

　ユニチャーム社は、**優秀な人材を現地に10年間以上赴任させる**ことが、当たり前な企業風土です。赴任した人材が、異文化を十分に吸収できるような赴任期間となると、必然的にそれは長くなります。

　インドネシアでは、使用した生理用品を一度洗濯して捨てる習慣があるので、その習慣に見合った価格帯の商品も作り、いっそうの市場開拓に成功したそうです。まさに「郷に入れば、郷に従え」の精神です。

　異文化のなかで、風習や宗教、考え方の違いがある社員と共感して、組織

の目的を達成するためには、役割分担とリーダーのビジョンが重要です。
　それでも軋轢が生じる場合もありますが、同社では価値観や行動規範を書いた「ユニチャーム・ウェイ」や経営語録集があり、幹部社員と現地社員の重要な形式知となっています。
　このようなしっかりした理念をもった経営戦略は、競合するプレーヤーが世界的な企業であっても負けないでしょう。

❷マレーシアのマンダム

　マレーシアは人口が2934万人で、インドネシアの人口の12％（2012年現在）。インドネシア以上にイスラムに近い世界であるといわれています。
　イスラム教は、経典により宗教上の戒律があり、ハラール認証を受けた食べ物を食べる必要があります。マレーシアのハラール認証機関は、イスラム圏内で評価が高く、マレーシアでハラール認証を受けた食品類は、世界中に16億人といわれるイスラム教徒の市場開拓につながる可能性があります。
　マレーシアの一人当たりのGDPは、アセアン諸国のなかで3番目の1万58ドルで1万ドルを超えています。この2年間の伸び率は121.3％であり、インドネシアと同様に20％を超える伸び率となっています。
　一人当たりのGDPが1万ドルを超えた中間層たちの購買意欲は、ようやく3000ドルを超えたインドネシアの中間層とは違い、より富裕層に近い内容になっています。将来の東南アジアの中間層から上位の富裕層マーケットが、どのように変化していくか、その羅針盤ともいえる市場です。
　この地で活躍する日本企業は、東南アジアに強い化粧品メーカーのマンダム。元マレーシア駐在員だった山下充洋氏の手法を紹介しましょう。
　山下氏は、シンガポール駐在員からからマレーシアに赴任。部下とともにマレーシア全土（14州）をまわって、化粧品の販売網を調査しました。
　同時に、各国によって違う化粧品の香りについても把握することができました。「東南アジアの人は、甘い香りが好き」ということですが、「国によってかなり香りの好みが違っている」という特徴もあるそうです。
　山下氏は、マレーシア開拓の2年間の間に、流通コストを下げるための事業計画を練りに練ったそうです。問屋から小売店という流れでは、自前の流

通網とはいえないので、コストを軽減することが難しい。そこで、次の経営戦略を立てました。

それは、<u>社員に独立を勧める</u>という、突拍子もない方法です。

社員が独立し、各州の販売店となれば、意思疎通のできる流通網が構築され、さらに給料や福利厚生のような社員にかかるコストも大幅に軽減されます。社員のなかには、中国系の社員も多く、独立志向が強いことも幸いしました。

独立した社員は、自分の会社のオーナーになり、頑張ればそれだけ収入も増えます。一方、会社にとっては集金のリスクも減り、人件費の負担も少なくなります。

山下氏の手法を、先述のユニチャームの戦略と比較すると、徹底的にマーケティングをするという点は同じです。また、組織はユニチャームが垂直統合型であるのに対して、山下流では現地社員の独立を促し、ロイヤリティーの高い販売網を構築しています。これはユニチャーム方式と似ているようですが、違いもあります。

山下氏は、マレーシアに6年間駐在しています。シンガポールとマレーシアで、合計14年です。この点についても、ユニチャーム社の「長期赴任」と共通する考え方がありそうです。

このように現地密着型の顧客に寄り添う方式をとる企業としては、経営戦略が似てくるようです。この2つの事例から、東南アジアへ進出して成功を収めるためのポイントを整理すると、次のようになります。

①市場を十分に調査し、顧客に寄り添って製品開発をする。
②駐在する期間は、おのずから長くなる。
③困難が伴っても自前の販売網、もしくは「対話」ができる販売網を構築する。
④異文化のなか、会社の組織力で対応するには理念や行動規範が重要になる。
⑤社員のテリトリー制による独立（のれん分け）をすることもよい。
⑥所得水準に合わせた製品と商品単価を考える必要性がある。

ただし、これだけの必要条件がすべて揃っても、成功するとは限りません。ビジネスは、さまざまな条件やタイミングで成否が決まります。つまり、マーケットの研究だけではなく、実際に事業展開したり、市場へ参加したりすることが重要なのです。

「標準化」か、「現地化」か?
―― グローバル・マーケティングの考え方

▶ グローバル企業が選ぶのはどっち?

　ここでは、グローバル・マーケティングの考え方として必ず取り上げられる「標準化」と「現地化(個別適応化)」の問題点について触れておきたいと思います。

　単純にいってしまえば、標準化とは「皆に愛されること」であり、現地化・個別適応化は「特定の人に愛されること」ですが、じつのところ、両者はコインの表と裏のような関係でもあります。

　では、標準化の事例ではスターバックス、現地化の事例としてはマクドナルドを取り上げて検討しましょう。

❶標準化の事例

　スターバックス(以下スタバ)は、世界的なカフェ・チェーンです。

　スタバの市場細分化ターゲットとしては、「流行に敏感で」「情報リテラシー能力が比較的高く」「自分のライフスタイルにこだわりをもっている」「都市住民」に限定しています。

　これを簡単に表現すると、「情報感度の高い都市生活者」ということができます。ターゲットがそのような人たちなので、世界のどの都市へ行っても、限定的な組み合わせパターンでお客様へアプローチをしています。

　つまり、スタバの提供する「コーヒー豆の種類」「コーヒーの味」「メニューの構成」「店員」の基本的なサービスの内容も、店舗デザインも、ほとんど変わらないのです。これらは、米国のシアトル本社で一括管理されています。

　スタバは、かなり単純化された、効率的な市場的適応をしていることにな

りますが、そのために各国で「スタバ不適合者」が生まれます。
　たとえば、「価格」「コーヒーの味」「サイドメニューの内容」「店舗の雰囲気」が自分に合わないので行かないという人も多く存在します。
　しかし、このような「スタバ不適合者」を取り込むために、スタバは無用な広告や店舗の変更をしません。つまり、**マーケティング費用を無駄にかけないことで、コストの優位性を確保している**といえるでしょう。
　言い換えれば、「情報感度の高い都市生活者」という「特定の人」に愛されることで「標準化」を実現しているのです。

❷現地化・個別適応化の事例

　マクドナルドは、いわずと知れた世界的なハンバーガー・チェーンです。
　マクドナルドでは、世界標準の部分が80％、現地化・個別適応化部分が20％という社内での不文律があります。20％部分は、たとえば香港ならば、中華料理風の味付けが可能なわけです。
　ところが、1990年代後半から2000年代初めに関しては、この現地化が極端な時代であったいえます。
　当時、日本マクドナルドは、現地の事情に合わせて数多くの種類の商品を販売していました。極めつけは、マクドナルドの基本商品のハンバーガーを定価60円台までに引き下げ、需要を喚起しようとしたことです。しかし、それが裏目に出て、基本商品の価値を引き下げることになってしまいました。つまり、マクドナルドのハンバーガーとスーパーマーケットで買うハンバーガーに差を見出すことができなくなってしまったのです。
　これはマクドナルドが、日本市場に現地化・個別適応化しようとして自社のブランド力を下げてしまった失敗例です。
　進出する市場での自社のポジションをどのように設定するかが、「標準化VS現地化（個別適応化）」の基本的な視点となるでしょう（次ページ参照）。
　マイケル・ポーター博士が標準化の前提条件として、「新しい情報に対して旺盛な好奇心を抱いている顧客層に対しては、標準化にもとづく戦略が有効である」と断言していることを付け加えておきます。

世界市場における製品の標準化可能性の程度

標準化の制約要因	実例	鍵となる機能			
		マーケティングコンセプト	技術	製品への適応	製品コンセプト
文化／習慣	●魚肉ソーセージ ●ルートビア ●ボクサーパンツ ●電気炊飯器				
デザインの好み	●家具 ●冷蔵庫 ●加工食品				
言語	●ワープロ ●コンピュータ				
サイズ／包装	●衣服 ●自動車（座席サイズ） ●ソフトドリンク				
技術システム	●カラーテレビ（ヨーロッパ諸国の電圧ではPALシステム）				
ユーザー／応用	●携帯ラジオ／カセットプレーヤー（合衆国の若者） ●ホワイトリッカー（日本人の若い女性）				
制約要因なし	●時計　　●バイク ●石油化学製品　●ピアノ ●貨幣（資本市場）				

凡例：世界的に共通利用ができる／現地化しなければならない

縦軸：現地化 ↑ ↓ 標準化

出典：Competition by Kenichi Ohmae, p. 193. Copyright © 1985 by Kenichi Ohmae and McKinsey & Company, Inc.

人の活かし方を間違えない
―― 進出企業が押さえておきたい人事と組織

▶ 誰を社長のポストに座らせるか？

　現地法人のトップに誰を置くか――。

　大多数の日本企業は、日本人を社長としてきました。なぜ、現地の人に任せないか、不思議です。

　仮に日本人が社長に赴任したとしましょう。その場合、3年から5年の間に人事異動がなされる可能性が高いことを考えれば、現地法人の社長であれ、「顔」はつねに日本の本社を向いてしまうのではないでしょうか。

　現地の社員からすれば、そんな社長を慕う気にはならないでしょう。社長が現地に溶け込まないために、現地労働者とのコミュニケーションが不十分なまま時間が過ぎていくでしょう。

　アジアの日系企業に勤める現地従業員の勤務先に対する評価を研究した人たちがいました。彼らの書物をひも解くと、日本企業の現地化が進まないことを「ガラスの天井」をもじり、「竹の天井」や「人事植民地主義」という言葉によって表現されています。これは、明らかに日本企業の職場が魅力的ではないことをうかがわせます（詳細は後述）。

　したがって、現地のトップは、できれば現地社員が望ましい。現地従業員たちのモチベーションアップに大いに貢献するからです。

　この場合、経理担当か、営業担当の責任者に日本人を置くとよいでしょう。ただし、現地人の社長と日本から赴任してきた日本人の間では、とことん職務権限の範囲についてきめ細かく議論し、決定する必要があります。そうしないと、後々でもめるケースが多いのです。

外国籍社長の起用に関して難しい点（選択肢3つまでの複数回答）

(単位：社)

本社とのコミュニケーションが難しい	72
社内で優秀な外国人人材がまだ育成されていない	37
自社の経営理念の共有が難しい	34
本社主導の経営がやりにくい	25
本社からの日本人派遣者との連携がとりにくい	14
グローバルな経営戦略を理解してもらいにくい	7
社会に対する忠誠心が低い	3
日本人のグローバル人材の育成に支障が生じる	2
その他	8

出典：一般社団法人日本在外企業協会「海外現地法人の経営のグローバル化に関するアンケート調査結果（2012年度）」有効回答者数92社。

　もし、日本人の社長を置いてしっかりとした経営を行おうとするならば、YKKやユニチャームのように、40歳過ぎのエース社員を10年間近く、進出した国の経営に専念させる必要があります。10年ぐらい徹底した経営を行わない限り、進出した現地に溶け込み寄り添うことができないからです。

　エースの社員が外国へ出てしまった場合、日本が手薄になると思われがちですが、ユニチャームの高原豪久社長は「2番目、3番目の社員が空いた戦力を埋めようとして成長するのであるから、心配はいらない」と語っていました。

　つまり、日本人が進出した現地の社長となる場合は、エースの社員を送り込み、10年スパンの人事とすることが望ましいのです。

　現地の人が社長になる場合は、日本から赴任してきた日本人と現地の社長の間で経営方針や経営戦略、そして職務権限の範囲を明確にし、コミュニケーションを徹底させます。

　これらの点については、社団法人日本在外企業協会の「海外現地法人の経営グローバル化に関するアンケート調査結果（2012年度）」からも読み取ることができます（上表参照）。

インドネシアとマレーシアのビジネス環境比較

	インドネシア	マレーシア
外資規制	製造業は原則100％出資可能。サービス業の多くは出資規制・ガイドラインがある。	製造業は自動車分野を除き自由。小売業，金融・保険業に出資規制あり。
用地取得	外国人の土地所有は不可。外国企業は，使用権などを得て，工業団地などで操業。	外国人の土地・不動産所得は政府の認可により可能。投資額により認可不要。
税制・税務手続き	法人税は25％。優遇税制の適用条件が厳しく，活用企業は少ない。	法人税25％，個人所得税は最高26％で手続きが簡素化が進展。優遇制度も充実。
労働市場賃金	労働力は安価で豊富だが，労働法の未整備と恣意的運用に問題。	外国人労働者への規制強化でワーカー不足が深刻化。賃金上昇は穏やか。
資金調達制度	親子ローン，国内での外資・自国通貨建て借入とも自由。	親子ローン，国内での外貨・自国通貨建て借入とも自由。
決済・代金回収	小切手が一般的だが，遠隔地取引では，資金化までの所要日数に注意。	送金，小切手に加え，手形も流通。電子決済のインフラも整備。
電力・インフラ	電力料金は安価。国内流通インフラに課題。	電力は非常に安定的。工業団地や物流面でのインフラも整備が進展。

出典：各国政府のウェブサイト，現地調査をもとにジェトロが作成。

▶ 現地法人は4つのタイプに分かれる

　企業が海外進出する場合、活動の拠点として現地法人をつくります。その方法について、次の4つのタイプに分けて説明しましょう。

①**独資**……100％外国資本で設立する（日本企業による単独進出）
②**合弁**……現地の企業と共同出資で設立する
③**M&A**……現地企業を買収する
④**代理店方式**……販売を委託する

　ただ、進出する国によってさまざまな規制があり、それに則って決めるのが大前提です。
　では、それぞれのタイプ別に詳しく見ていきましょう。

❶独資

とくにBtoCの商品である場合に最適です。装置産業である場合は、そのマーケットを押さえ、工場（装置）・販売網（営業）・流通ルートをすべて傘下に収めるために、日本国内ではスピードのある決断をすることが望ましいでしょう。事前に市場調査をする場合のポイントは、次の通りです。

①**市場規模は大きいほうがよい**
②**チャネルは未成熟なほうがよい**
③**上位の集中が起きてなく、多くの中小メーカーが乱立しているほうがよい**

こうした観点で調査をして、もし満足のいくものが見つかったら、直接投資で工場・販売網・流通ルートと、すべてを押さえられるようなダイナミックな投資を行うべきです。もちろん、相手国の法規制を十分に調査したうえで判断することはいうまでもありません。

❷合弁

進出する国や業種によって、合弁会社を設立する必要があります。

問題は、そのときのパートナーをどのように選択するかです。次のような事例があることを、念頭に置いてください。

たとえば、トヨタ自動車が最初にインドに進出したときのことを思い出してみましょう。じつは、現在のインド進出は2度目なのです。にわかには信じられないかもしれませんが、インドに進出したものの、あえなく撤退したことがあります。

撤退の理由は何でしょうか。それは、パートナーの選択を失敗したためです。

当初、トヨタ自動車はコネ（人的なつながり）を使って進出したのですが、結果的にその人脈がよくなく、現地の販売店をうまく経営できなかったのです。

2度目の進出では人的つながりに頼らず、公募を行い、やる気のある販売店（ディラー）構築ができました。

このように、現地の人的なつながりで選ぶのがベストであるとは限りません。

さらに合弁の場合、日本から出資した原資の使用方法についても、十分事前に協議して、両者が納得する必要があります。

国によっては、合弁を受けたパートナーがODAと同じような感覚で日本企業からの出資金を使い、自分たちの出資金はそのまま残したり、場合によっては出資しないことも考えられます。
　その結果、日本からの出資金が枯渇すれば、合弁会社そのものが行き詰まります。合弁の比率だけにこだわることなく、出資金がどのように活用されるかについても、十分にモニタリングしなければなりません。

❸ M&A

　日本経済新聞の一面に「M&A　東南アジアで最高」という見出しが踊ったのは、2013年のことです。同年上期で92件になり、前年1年間の件数78件を上回る結果が出ています。投資額は8163億円。ここでいう東南アジアとは、主としてASEANアセアン地域です。
　ではなぜ、M&Aをするのか、もう一度原点に立ち返って考えてみましょう。
　M&Aは、一言でいえば「お金で時間を買う」ことです。手間のかかる自前の直接投資よりも、すでにできあがった製造工程（工場）、販売網、流通網の一式を購入するほうが手っ取り早いのです。
　こんな当たり前のことを述べるのは、会社を買うことのリスクを十分に理解していない可能性があるからです。とくに、人的リスクを十分にケアすることが肝要です。たとえば、現地の会社へ日本人の社長を送り込むと、日本から来た社長は、いわゆる「北向き人間」であると見られます。
　また、日本の流儀を押しつけようものなら、従業員のモチベーションが下がり、生産性は急低下。結果的に、買収をかけられるほどの業績不振だった頃よりも、さらに不調になるという事態も考えられます。
　安易なM&Aによるデメリットは、まだあります。
　たとえば、M&A成立後、相手企業の経営陣をリストラしたとしましょう。その場合、優秀な社員までもがヘッドハントされて、同業他社に流れてしまう恐れもあります。
　よくあるM&Aの失敗例では、相手企業の実態を見誤ることです。事前にさまざまな経済指標で分析はしますが、現場の強さや弱みを十分に理解しないままM&Aを実行してしまうことがあるのです。

海外現地法人に対する企業理念・経営方針・行動指針等の共有化

(単位：%)

企業理念等を英文化	76
本社の社長か役員が現地法人を訪問し伝達	56
企業理念等を現地言語に翻訳	46
イントラネットで配信	37
現地の社長が口頭で伝えている（朝礼等で）	37
企業理念を記載したカード等を配布	32
Eラーニングで実施	28
何もしていない	8
その他	6

出典：一般社団法人日本在外企業協会「海外現地法人の経営のグローバル化に関するアンケート調査結果（2012年度）」有効回答者数123社。

　たとえば、現場の工場に強い権限がある会社をM&Aで手に入れた場合、現場をコントロールできないことがあります。とくに、進出した国の行政と絡むようなトラブルが発生したとき、行政側から本社へ回答を求められても、本社は現場の状況を理解していないために、きちんと回答できないというケースがあります。アジアの国ではよく見られることです。

　したがって、M&Aをする場合は、本社の指示を丸飲みしないで、相手企業の文化や風土を含めて分析する必要があります。

　もちろん、M&Aに限らず、海外現地法人と日本の本社の間では、十分なコミュニケーションが必要です。前述の社団法人日本在外企業協会のアンケートによれば、企業理念や経営方針、行動指針などの共有化について、さまざまな工夫をしていることがわかります。

❹代理店方式

　進出先が、もはや同業他者によって寡占化が進んでいる場合は、あえて進出するよりも、現地で優れた代理店（問屋や特約店）と契約して、販売を任せたほうが効率的です。経営資源は有限なのです。

　代理店を選択する場合は、いうまでもありませんが、契約条件については、細部まで詰める必要があります。もし当初の予定通りの効果が上がらず、撤

退する場合についても、きちんと詰めておかなくてはなりません。

つねに代理店を監視下に置くことは不可能なので、代理店が不公正な取引を行ったときの罰則規定も盛り込んでおくべきです。取引先である代理店を信頼することは重要ですが、「あ・うんの呼吸」は通用しません。

▶ 進出先の雇用状況と労使問題

東南アジアでの雇用環境は、中国などと比較して賃金が安く、排日運動もなく、日本人が好かれている環境であるのでやりやすいのではないかと考えるのが普通です。日本の終身雇用制度が現地で受け入れられているという話も耳にします。しかし、本当にそうなのでしょうか。

まず、賃金は上昇傾向にあります。これは、中間層が増えているということからも推測されます。

次に、労働争議。携帯電話の普及を考えれば、労使間のトラブルの情報はあっという間にチェーンメールで広がってしまうでしょう。

とても残念なことですが、2012年7月18日にインドで発生したスズキの子会社マルチ・スズキの主力工場での暴動事件を思い出してください。

死者まで出したこの事件の背景には、インド特有のカースト制度による従業員の差別問題も取り沙汰され、政治問題化されたこともあります。また、2011年の6月から11月にかけて起きた大規模ストライキへの対応が不十分であったともいわれています。

では、日本の労働慣行についてはどうでしょうか。近年、再評価の声も目立つ終身雇用制度と年功賃金制度への評価について、『組織科学』46巻4号に掲載された特集記事「アジア日系企業における現地従業員のまなざし」を参考に検証してみましょう。先ほど取り上げたインドネシアとマレーシアの日本企業に勤める、現地の従業員の考え方です。

まずは、終身雇用制度。インドネシアでの評価は74.5%と高くなっています。ところがマレーシアでは58.6%と、インドネシアに比べて15.9ポイントも低い。つまり、インドネシアでは、従業員が終身雇用制を支持していますが、マレーシアではそれほどでもないのです。

年功賃金制度については、インドネシアでは31.1%という評価であり、マレーシアでは44.5%評価で、終身雇用とは逆の結果が出ています。
　なにやら不思議な気もしますが、はっきりいえるのは、**日本の労働慣行がアジアの従業員から支持されているとは限らない**ということです。たとえば、マレーシアに進出する企業としては、終身雇用制度をとることが従業員の定着率に結びつかないということを理解すべきです。むしろ、転職者や退職者が出ることを想定した雇用環境を構築しておいたほうが得策かもしれません。
　さて、日本経済新聞の夕刊に「NIPPON　ビジネス戦記」が掲載されることがあります。インドと日本の橋渡し役を務めるコンサルティング会社「サン・アンド・サンズ」グループ代表のサンジーヴ・スィンハ氏が書かれた戦記のなかに、次のような記述がありました。
　「日本の大手企業はこれまで、終身雇用を前提に、社員を計画通りいろいろな部署に配属してゆっくりと教育してきた。それが企業の安定した環境と、持続的な経営につながった。ただ優秀な外国人は、真の実力主義を求めている。自分の国から出て遠い国で仕事をするとき、優秀な人材ほど速いスピードで自分を成長したいと考えている」
　日本企業の人事部や現地の責任者が考えているほど、外国人は日本企業の特殊な人事制度をよしとはしていないことをもっと理解すべきではないでしょうか。

▶ 進出先の環境問題に配慮する

　都市部の交通渋滞は、東南アジアでは、どこでも見られる風景です。その結果として、排気ガス汚染に伴う呼吸器疾患が見られます。
　また、河川の工場排水の問題など、環境にはもっと配慮と対策が必要です。
　さらに廃棄物対策や、国によっては熱帯雨林の問題などが考えられますが、東南アジアの国別の環境規制については、環境省のウェブサイトに詳細が書かれており、日本企業の個別対策も掲載されているので参考にしてください。
　ただし環境問題は、EUスタイルのかなり厳しい規制が、今後も考えられるので、十分に注意しなければなりません。

東南アジアにおけるマーケティング
―― アジア進出を成功させる決め技を知る

▶「マーケティング力」を武器にする

　「営業力」ではなく「マーケティング力」を武器にする――。

　今後、この流れはさらに加速するでしょう。この新たな時代において、日本企業が信じてきた「技術力」という最強の武器は、もはや最強ではなくなってしまったのです。「技術力があれば、品質が高ければ、機能が多ければ」だけで売れる時代は終わったのです。

　では、技術力以外に何が必要なのでしょうか。

　東南アジアで売るには、「東南アジアで売るためのマーケティング力」を武器とした戦略をもたなければなりません。これは、決して大企業や消費財メーカーだけのことではありません。中堅・中小企業であっても、生産財メーカーであっても、またサービス業であっても同じことです。

　日本では、「マーケティング」と聞くと、どうしても大手企業や消費財メーカーがやること、もしくはプロモーション的なイメージを強く抱いてしまう人が多いのではないでしょうか。

　そもそも、マーケティングとは、日本語にするとどんな言葉になるのでしょうか。

　よく耳にするマーケティングという言葉、じつは訳すことすら難しいのです。フィリップ・コトラーは、マーケティングを「ニーズに応えて利益を上げること」と定義しています。また、マーケティングとは「営業をなくすこと」ともいっています。そうであるならば、これは決して大企業や消費財メーカーだけが必要とするものではありません。B to C 企業にはBtoC 企業の、B to B 企業にはB to B 企業に必要な「東南アジアで売るためのマーケティ

ング」があるのです。

　多くの日本企業の東南アジア進出は、生産拠点づくりから始まっているため、工場さえ建ててしまえば、あとはその地で日本が得意とするモノづくりをやるだけでした。だから、法人設立計画はあっても、その地でいかに売るかという視点に立った事業計画をしっかりもっている企業は少ないのです。
「自社の製品はこんなにすばらしく、日本ではこれだけのシェアをもっている。だから必ず現地でもニーズはあるはず。成功法さえわかれば、絶対に売れるはず」といった企業は少なくありません。パートナーが重要なのか、人脈が重要なのか、それともプロモーションが重要なのか、といった具合です。
　はっきりしているのは、海外市場を獲得するうえで必殺技など存在しないということです。唯一の成功法は、「当たり前のことを当たり前にやる」以外にありません。海外市場をうまく獲得できていない企業の多くは、当たり前にやるべきことができていないだけなのです。
　ろくに市場調査も行わず、とにかく箱（現地法人）を立て、人（駐在員）を送り込み、日本でのビジネスモデルをそのまま持ち込み、苦戦のスパイラルに突入してしまう。
　たとえば、マーケティング戦略において、基本中の基本であるマーケティング・ミックス（4P。製品・サービス：Product、価格：Price、流通：Place、プロモーション：Promotion）ですら、しっかりと整理ができていないケースは少なくありません。
　日本市場では当たり前にできているこれら基本が、いざ国境を越えてビジネスをするとなると、「わからない市場だから」と、わかろうとすることをやめ、パートナーや人脈といったものに頼ろうとするのです。
　もちろん、海外でビジネスをするうえで、パートナーや人脈は大変重要です。しかし、それは自社の戦略がしっかりとあったうえでの話であり、そうでない企業がパートナーや人脈を得ても、必ずといってよいほど失敗に終わります。
　結局のところ、どの国においてもビジネスの基本は、「なにを、いくらで、どう売るか」です。もっといえば、誰が（人材）、何を（製品・サービス）、いくらで（価格）、どのような場所で（流通）、どのように知ってもらい（プ

マーケティングの基本プロセス

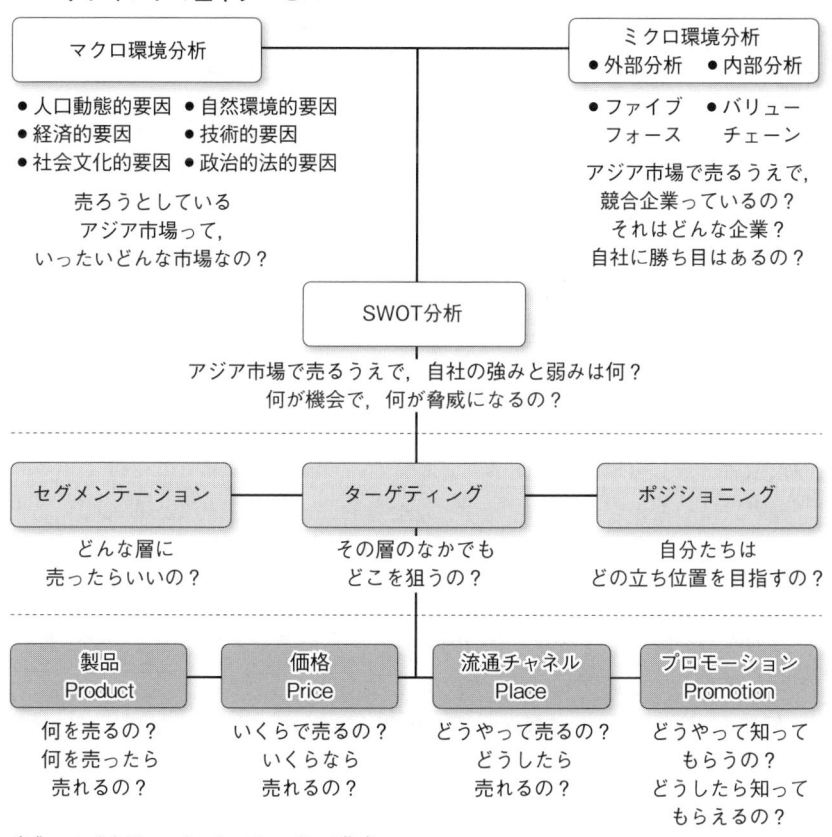

```
マクロ環境分析
● 人口動態的要因  ● 自然環境的要因
● 経済的要因      ● 技術的要因
● 社会文化的要因  ● 政治的法的要因
```
売ろうとしている
アジア市場って,
いったいどんな市場なの？

```
ミクロ環境分析
● 外部分析   ● 内部分析
● ファイブ   ● バリュー
  フォース     チェーン
```
アジア市場で売るうえで,
競合企業っているの？
それはどんな企業？
自社に勝ち目はあるの？

SWOT分析

アジア市場で売るうえで,自社の強みと弱みは何？
何が機会で,何が脅威になるの？

セグメンテーション	ターゲティング	ポジショニング
どんな層に売ったらいいの？	その層のなかでもどこを狙うの？	自分たちはどの立ち位置を目指すの？

製品 Product	価格 Price	流通チャネル Place	プロモーション Promotion
何を売るの？何を売ったら売れるの？	いくらで売るの？いくらなら売れるの？	どうやって売るの？どうしたら売れるの？	どうやって知ってもらうの？どうしたら知ってもらえるの？

出典：スパイダー・イニシアティブにて作成。

ロモーション)、誰に(ターゲット)売るのかです。少なくとも、これが整理できれば、企業の課題が整理できます。課題が整理されれば、次は、その課題を誰がいつまでにどうやって潰していくのかです。

　本来は、この課題を潰していくことこそが、海外市場で戦うということであり、多くはそこに苦戦すべきなのですが、課題の整理もろくにしないまま戦場に飛び込み、無駄に苦戦している企業が本当に多いのです。そんなことは飛び込む前にわかったはずだというケースは非常に多く見受けられます。

　海外市場獲得は「一日にして成らず」であり、いかに早期に課題を抽出し、

それを着実に潰していくかが成功への近道なのです。

　海外展開の遅れに対して、決して焦る必要はありません。日本企業は世界のどの国の企業よりも誠実さや信頼感など、真似のできない、よい面をたくさんもっています。少しだけスピードを意識して、当たり前のことを着実にやるという基本に立ち返ってもらえれば、必ずや海外市場でも大きな成果を上げられるでしょう。

▶ 複雑な流通構造を理解する

　東南アジア市場を獲得するうえで、流通構造を学ぶことは非常に重要です。東南アジアでは、デパートやハイパー・スーパーマーケット、コンビニなどの大型店、もしくはチェーンストアに商品を流通させることが必ずしもシェア獲得にはつながらないからです。なぜなら、小売の近代化が進んでいるとはいえ、東南アジアの大半の国ではまだまだ「伝統的小売」、いわゆるパパママショップが圧倒的に多いからです。

　流通構造を調べてみると、その国特有の構造やプレイヤーが見えてきます。また、日本とは流通プレイヤー間の商習慣も大きく異なります。

　まずは、東南アジアにおける<u>「近代的小売：Modern Trade」と「伝統的小売：Traditional Trade」</u>を学ぶ必要があります。

　近代的小売とは、デパート、スーパーマーケット、ハイパーマーケット、コンビニ、その他近代的店舗を指します。一方、伝統的小売とは、昔ながらのパパママショップを指します。東南アジアに行けば、そこら中で見ることができます。東南アジアでも都市部を中心に、急激な成長を遂げています。

　たしかに、東南アジアの小売流通は年々近代化の傾向にあります。しかし現状では、次ページの図のようにまだまだ<u>伝統的小売の比率が圧倒的であり、伝統的小売の攻略が市場獲得の大きなポイント</u>になっています。

　しかしながら、都市部から農村部まで無数に広がる伝統的小売流通の獲得は、日系企業にとっては大きな難関になっています。また、近代的小売で売れる商品の多くは、そのままでは伝統的小売では売れません。伝統的小売の客層は中間層以下が圧倒的であり、都市部の中間層以上の人たちとは所得も

主なアジアの食品雑貨系の近代的小売および伝統的小売の売上割合

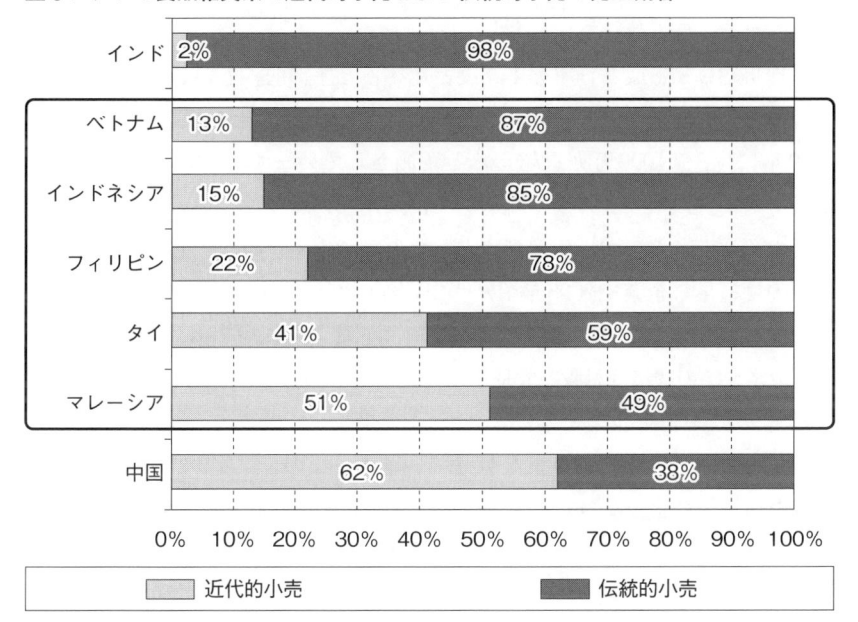

国	近代的小売	伝統的小売
インド	2%	98%
ベトナム	13%	87%
インドネシア	15%	85%
フィリピン	22%	78%
タイ	41%	59%
マレーシア	51%	49%
中国	62%	38%

出典：Euromonitorのデータをもとにスパイダー・イニシアティブにて作成。

大きく異なります。伝統的小売を獲得するには、チャネルを取るということと同時に、製品や価格、売り方（バラ売りなど）の現地適合が重要になってきます。

❶インドネシアの事例

それでは、近年、東南アジアのなかでも最も注目されているインドネシアの流通に焦点を当ててみましょう。

まずは、インドネシアという国に関してですが、インドネシアは、人口2億4200万人を超え、ここ数年6%台の経済成長率を達成しています。2013年の経済成長率は5.8%。一人当たりのGDPも3500ドルを超えました。今、インドネシアは、ここ10年で最も注目されているのではないでしょうか。

首都ジャカルタのあるジャワ島、スマトラ島、カリマンタン島、スラウェシ島、ニューギニア島の5大島を中心に、1万3400以上の島々からなるイン

ドネシア。日本の約5倍の国土をもち、2億4500万人以上の人口を抱え、その88%がイスラム教徒です。

平均年齢は27.8歳と日本の44.7歳と比べると圧倒的に若い。年齢別男女比人口のグラフはきれいな三角形を描きます。現在も人口は着実に増えており、2050年には3億1000万人を超えると予測されています。少なくとも2030年頃までは、人口ボーナス期が続く魅力的な国なのです。

このインドネシアが、生産拠点としてだけでなく、市場として注目され始めたのは、早い企業で2005年頃からではないでしょうか。

2004年、国民による初の直接投票によりユドヨノ氏が大統領に選出された後、インドネシアの経済は急激な成長を遂げました。2004年のGDP2570億ドルは、2013年に8790億ドルへと3.4倍へ跳ね上がり、一人当たりGDPも1178ドルから3508ドルへと3倍の成長を見せています。この8年余りで劇的な成長を遂げた市場のひとつなのです。一人当たりGDPが3000ドルを超えてくると、日本企業にとっても市場としての魅力はますます増します。

外務省によると、現在、インドネシアには、約1万5000人の在留邦人がおり、1250社ほどの企業が進出しています。とくに自動車業界が顕著で、その顔ぶれはほぼオールスターです。市場シェアもトヨタが37%、ダイハツが15%、三菱が13%、スズキが11%、ホンダと日産がそれぞれ6%、日野といすゞがそれぞれ3%、マツダが1%と市場の95%以上を日系メーカーが占めているのです。インドネシアは日本国内市場よりも日本車のシェアが高い市場なのです。

その他、進出している日系企業としてはパナソニック、シャープ、エプソン、東レ、マンダム、ユニチャーム、ライオン、花王、味の素、ヤクルト、日清食品、旭硝子、公文、ヤマハなどがあります。

英BBCが実施したアンケートによると、77%のインドネシア人が日本に好感をもっており、嫌悪感をもつのはたった5%にすぎません。これは<u>世界的に見てもずば抜けて日本への好感度が高く、日本企業にとっては、参入のしやすい国</u>のひとつでもあるのです。

英金融大手HSBCによると、インドネシアのGDPは2050年には1.5兆ドルと、ASEANのなかではフィリピンの1.7兆ドルに次いで2番目の経済規模に

ASEAN主要国平均年齢比較

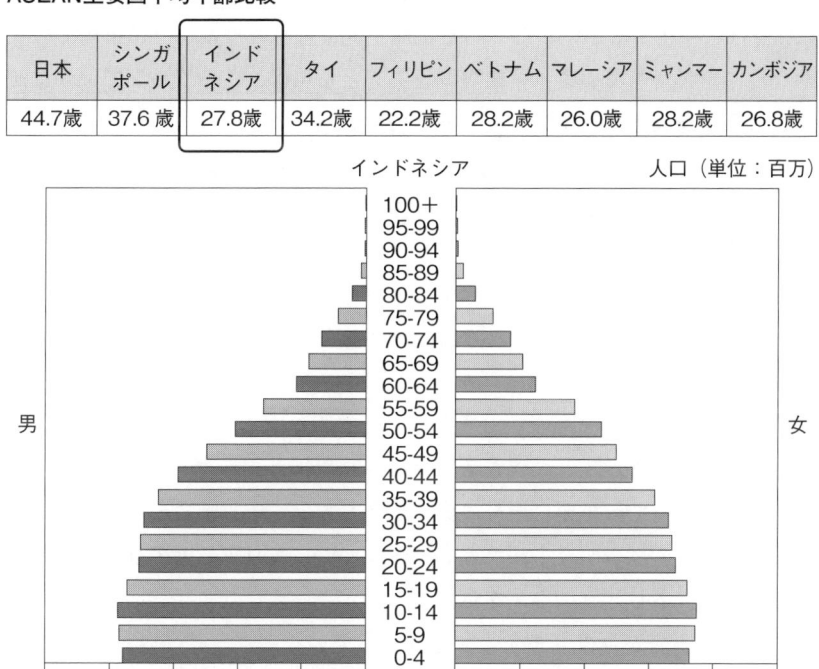

日本	シンガポール	インドネシア	タイ	フィリピン	ベトナム	マレーシア	ミャンマー	カンボジア
44.7歳	37.6歳	27.8歳	34.2歳	22.2歳	28.2歳	26.0歳	28.2歳	26.8歳

インドネシア　　　　　　　　　人口（単位：百万）

男　　　　　　　　　　　　　　　　　　　　　　　女

- インドネシアの平均年齢は、27.8歳
- 人口ボーナス期が、2030年頃まで継続

出典：CIA World Factbook。

成長するとの予測です。消費市場は着実に拡大しているし、今後のインドネシア市場のさらなる成長からは目が離せません。

　インドネシアの小売市場規模は6.3兆円を超え、今後、しばらくは10%程度の成長が期待されています。インドネシアでは、近代的小売市場が年々拡大しています。現在、近代的市場の割合は4割弱程度まできました。所得水準が上昇し、モータリゼーションが進むと、移動手段ができ、小売の近代化が進むのですが、まさにインドネシアはその真っただ中といった状況です。

　しかし一方で、消費者の日々の生活に近い、食品雑貨系分野を見てみると、近代的市場の売上割合はわずか15%ほどです。まだ、85%が伝統的市場なの

第3章　アジアに進出する企業の経営戦略　105

です。たしかに、この分野でも近代化は進むでしょう。しかし、現在全国に250万店存在するといわれている伝統小売、通称「ワルン」が市場では大きな役割を果たしています。**市場シェアをとるには、このワルンでいかに流通させるかが大きなポイント**になるのです。

そして、この「ワルン」で商品を流通させるには、**「グロシール」という現金問屋の存在は絶対に無視できません**。インドネシアの流通構造は特徴的で、近代小売と伝統小売で流通構造が大きく異なります。近代小売に関しては、メーカーから直販、もしくはいくつかの卸業者を通じて小売に納められています。しかし、伝統小売・ワルンは、ほぼすべての商品をグロシールというホールセラー（現金問屋）から購入するしくみになっています。1つのグロシールが地域の数百のワルンをまとめているのです。

したがって、地域ごとに異なるグロシールを押さえることがインドネシアの伝統小売市場では重要になります。しかし、メーカーがこのグロシールを直接押さえるのは賢明な方法とはいえず、いかに**エリアごとのグロシールを束ねるディストリビューターを活用する**かがキーになります。

アジアの小売が今後もますます近代化していくことは間違いありません。しかし、それには何十年もの時間を要し、まだまだ伝統小売市場が大きいということはしっかりと理解する必要があります。近代小売だけでは、大きな利益を得ることはできず、伝統小売でいかにシェアを伸ばすか、企業ごとの戦略が問われるのです。

これはインドネシアに限った話ではなく、たとえばフィリピンでは、伝統的小売は「サリサリ」と呼ばれ、これまた70万店以上存在するといわれ、同じく伝統小売市場が市場の8割を占めています。

❷フィリピンの事例

それでは次に、フィリピン市場を見ていきましょう。

2013年、ついに人口1億を突破したフィリピン。毎年200万人もの子供が産まれ、平均年齢も23歳と、東南アジア諸国連合（ASEAN）のなかでは3番目に若い。インドネシアやタイ、マレーシア、ベトナムなど、日本企業が熱い視線を注ぐ国々と比較して最も若いのです。総人口も、2020年代前半

には日本を上回ると予測されています。

　フィリピン市場の魅力は、決して人口の多さや、若年層の数だけではありません。日本企業が円滑にビジネスを行ううえで重要な要素となる言語の面からみても、メリットの高い国です。フィリピン人の多くは、現地語以外に英語を話すからです。シンガポールを除けば、ASEANのなかでは**貧困層から富裕層まで平均的に最も英語が通じる**国ではないでしょうか。

　次に経済指数をみると、実質国内総生産（GDP）成長率が11年の3.6%から2年連続で大きく伸びています。12年が6.8%、13年は7.2%といずれも高い成長を遂げました。輸出の回復やサービス産業の好調など、堅調な内需拡大が寄与した形です。14年度も引き続き高い経済成長が見込まれています。

　フィリピンは大きく分けて、一番北に位置するルソン島、中央に位置するビサヤ諸島、そして一番南に位置するミンダナオ島の3つの地域から成り立ちます。首都のマニラは、ルソン島に位置し、メトロ・マニラ（首都圏）は、1200万人ほどの人口を誇ります。フィリピンの一人当たりGDPは現在2800ドル弱ですが、メトロ・マニラに限定すると約8000ドルと3倍ほどに跳ね上がるのです。

　フィリピンは、**2050年にはASEANで最も経済力のある国になる**との予測もあり、HSBCによるとフィリピンのGDPは2050年に約1兆7000億ドルに達し、インドネシアの約1兆5000億ドルやマレーシアの約1兆2000億ドルを超え、ASEANで第1位となります。

　また、同じくHSBCの予測によれば、現在フィリピンの1人当たりGDPはASEANで第5位ですが、2050年には、インドネシアの2倍、タイとほぼ同等、マレーシアの3分の1程度まで成長し、ASEAN第3位にまで成長します。消費市場は着実に拡大しており、今後、新規参入する国としては、非常に有望な国であるといえるでしょう。

　フィリピン小売市場はGDPの30%以上あり、マニラ経済圏を中心に所得の上昇が人々の購買意欲を高めています。その欲求に応えるべく、モダン・トレード（近代小売）がさらなる店舗展開を進めています。

　フィリピンの近代小売の主役はなんといっても、「SM」「Puregold」、「Robinsons」「Rustans」の4社でしょう。

なかでもSMの存在感は大きい。SMは、フィリピンを代表する中華系財閥であるシー財閥の企業で、富裕層や中間層をターゲットとしたSM系デパート、モール、スーパー、ハイパーなどは圧倒的な存在感を放っています。財閥内には小売以外に、銀行や不動産、建築関係の企業があり、とくにBanco de Oro、通称BDO銀行は、フィリピン全土に770以上の支店をもつフィリピン最大の商業銀行です。
　また、SMは香港のWatson'sや米Ace Hardwareとのジョイント・ベンチャーでフィリピンでもWatson'sとAce Hardwareを展開しています。
　Puregoldは、スーパーを中心にフィリピン全土で200店舗以上を展開する上場企業です。価格の安さや、サリサリ（フィリピンの伝統的小売）などのホールセール機能としても大きな存在です。
　RobinsonsもSM同様に中華系財閥のゴコンウェイ財閥傘下の小売で、Robinsonsのスーパーもまたルソン島を中心に至るところにあります。さらに、Robinsonsは、三菱商事とミニストップとともにジョイント・ベンチャーでミニストップをフィリピンで展開している会社でもあります。
　そしてRustansですが、ここも富裕層をターゲットとしたデパートやスーパー、またShopwiseやWelcomeのブランドで、中間層向けスーパーも展開しています。
　その他、フィリピンの小売市場で忘れてはならないのが、フィリピン全土に900店以上を展開するMercury Drugとアヤラ財閥率いるAyala Mallです。
　Mercury Drugは、基本的にはドラッグストアですが、店舗の半分はコンビニ化しており、ドラッグ・スーパーストアの形態をとっています。フィリピンのドラッグストアでは圧倒的なナンバーワンです。
　Ayala Mallを運営するアヤラ財閥は、フィリピンでは唯一のスペイン系の大手財閥で、不動産や銀行、保険、通信、食品などの業界で幅広く事業を行っています。Ayala Mall以外では、マカティ地区にある完全に富裕層をターゲットとした超大型複合施設のGreenbeltが有名です。世界中のブランドが店を構え、飲食店も多く出店しています。
　近年、これら近代小売のプレイヤーの成長は著しく、SMを筆頭に流通マージン以外に多額のリスティングフィー（配架料）や棚代などを求めるよう

になっており、残る8割のトラディッショナル・トレード（伝統小売）の市場を同時に攻略していくチャネル戦略がメーカーには求められています。8割の伝統小売が短期間で近代化することは考え難く、伝統小売の市場は当面続きます。伝統小売の攻略は不得意とされる日本メーカーですが、この領域で勝てなければ、近代小売でいくら売れても利益はほとんど残らないでしょう。

大手主要小売の各種マージンに関して、SM、Puregold、S&R、Rustans、Shopwise、Savemore、Robinsons、Mercury Drugなどの主要小売は、流通マージンとその他、棚貸代、プロモーション代などの合計で、20%〜30%の利益を求めます。当然ながら、占有スペースが小さくて済み、置けば売れる商品の各種マージンは安く、そうでない商品は高くなります。また、一定の期間で売れない商品は撤去され、売れる商品と入れ替えられてしまいます。

SMはとくに各種マージンが高く、メーカーに対しても非常に強気です。

また、新商品の場合、他の小売が取り扱うか否かの判断において、「SMが取り扱っているか？」を気にするケースもあります。つまり、SMが取り扱っていれば、自分たちも取り扱うというわけです。

以下は、新規参入のメーカーが大手スーパーと取引をする場合に小売から提示される平均的な取引条件（例）です。

これによると、30%以上の各種マージンを取られる計算になりますが、ここから売れる商品は交渉で20%〜30%のラインまで下がり、さらに売れる商品は、20%以下まで下げられます。

・Listing Fee：P3,000/item/store
・Regular Discount：25%
・Intro Discount：5%
・Push Girl：P500/day min. of 4 days
・Display 1*1*4ft：P7,000/mon./store

支払い条件は基本的には月末締めの翌末払い。場合によっては、翌々末払い。また小売の販売価格に関しては、基本的にはメーカーのSRP（希望小売価格）に従う傾向にありますが、SMだけは例外で、SRPに5%〜10%乗せて販売したりします。そのため、メーカーなどはパッケージに金額を表記したりするケースもあります。

▶ ディストリビューターはこんなに大切！

　東南アジアの流通を知れば知るほど、ディストリビューター（卸売り業者）の重要性がわかります。いかに適切なディストリビューターを選定し、組み、そしてマネージしていくかは、東南アジア市場で成功を収めるためには不可欠といっても過言ではないでしょう。

　どのようにしてディストリビューターを選定し、組んでいくかは後述するとして、ここでは「ディストリビューターをマネージする」ことの重要性について述べたいと思います。

　ディストリビューターといっても、分野によってさまざまなので、ここでは、食品および日用消費財にフォーカスします。

　この市場では、東南アジアのディストリビューターは、小さい企業で売上数千万円、大きい企業では数百億円前半の規模までとさまざまです。日系企業が商品を流通させるには、数十億円後半から数百億円前半規模のディストリビューターと組まないと大きな効果が期待できないため、たいがいは、売上上位10社程度のなかから適切なディストリビューターを選ぶことになります。

　しかし、これら上位企業であっても、なかなか日本のディストリビューターとのお付き合いのようにはいきません。

　たとえば、日本では、メーカーとディストリビューターは、契約の内容に応じて、互いの役割を粛々とこなします。ディストリビューターの最大で唯一の仕事は商品をディストリビュート（拡販）することであるため、その活動に最大限の努力をするわけです。しかし、多くの東南アジアのディストリビューターは、日本と同じ感覚で「後は任せたから宜しく！」のスタンスでは、商品はほぼ流通しません。

　重要なことは、<u>ディストリビューターを管理、育成しながら、一緒にその地で成長をする</u>というスタンスです。とくに投入期においては、ディストリビューターのなかにメーカールームをつくり、メーカーの人間が常勤するくらいに徹底した二人三脚が必要になるのです。

　実際、東南アジアの市場でも大きな成果を上げているP&Gや、ユニリー

バなどの外資系FMCG（日用品）メーカーなどは、徹底したディストリビューターのマネジメントを行っています。

これは家電の業界であっても、サムスンやLGが東南アジアで日本メーカー以上の成果を上げている理由のひとつに、この徹底したディストリビューターのマネジメントが挙げられます。

そして、このディストリビューターをマネージするということは、その先にある**リテーラー（小売）をも熟知する必要があります**。成功している外資メーカーは、消費の現場となる最前線のリテーラーの状況までを熟知しているのです。東南アジアでメーカーが商品を売るということは、ここまでやらないと決して大きな成果は得られません。任せて売れるような世界は、まず存在しないことを認識しなければなりません。

これは消費財に限らず、生産財でも同様です。ディストリビューターとなる代理店任せではなく、いかに代理店を管理、育成し、代理店とともに成長していくかを考え、実行していかなければなりません。

そこで、ディストリビューターの裏切りに関して少し述べたいと思います。

日本では、販売を任せている代理店がメーカーを欺いたり、裏切るような行為は、まず起こらないというのが常識ではないでしょうか。仮に、契約書にはない事項に関しても、良識の観点から適切ではない、もしくは相手に不利益を与えると判断すれば、そんなことは行わないというのが大半の日本企業ではないでしょうか。

しかし、この常識は東南アジアでほぼ通用しないのが現実です。

さすがに契約書に記載のある禁止事項を行う企業は論外なので、ここでは除外をしますが、一般的に多くの東南アジアのディストリビューターにとって重要なのは、「自社の成長」「自社の利益」です。そして、契約書に記載のない事項に関しては、たとえ相手にとって不利益であっても、自社にとって利益となるのであれば、躊躇なく実行します。そして、そこに罪の意識はないのが一般的です。

たとえば、日本の生産財メーカーが、代理店や特約店として商品の販売を任せていたディストリビューターが、数年して競合メーカーに転身するとい

ったケースが東南アジアでは起こり得るのです。

　これはどういうことかというと、ディストリビューターが代理店として日本メーカーの製品を取り扱っているうちに、その製品の構造を理解し、真似られると判断すれば、それを東南アジアや中国のOEM先工場でより安価に作らせ、品質は少々劣っても、自分たちには販売網があるので、自社のブランドをつけ、その販売網を使って安価に売るというわけです。

　彼らとしては、「自分たちは、日本企業の品質の高い製品の代理店を行う、信用のある企業であり、同時に安価な自社製品も保有するメーカーです」というわけです。ひどい場合は、日本の品質と変わらないほどの製品を作り、信用力を維持するために、日本メーカーとは代理店契約を継続するけれど、実際に売るのは自社製品、といったこともあるのです。

　さらに、代理店自体は直接的には裏切らないのですが、そこの元幹部がスピンアウトして同様なことをするケースもあります。

　ディストリビューターは、「任せる」のではなく、「管理・育成する」ことが重要だと述べましたが、こうしたトラブルを防ぐためにも、東南アジアでは、ディストリビューターを管理・育成することが非常に重要なのです。繰り返しになりますが、とくに導入期はその重要度が増します。

▶ディストリビューター管理のポイント

　幾度となくディストリビューターは、「任せるのではなく、管理、育成しろ」といってきましたが、自分たちよりも現地市場に精通しているディストリビューターをどう管理、育成すればよいのかという疑問が残るのではないでしょうか。

　その答えは「**最前線、細細粒度**」にあります。

　まず、「最前線」とは、自社の商品が消費財であれば、消費者の手に渡る、まさにその最前線の現場、生産財であれば、自社の製品がユーザーに渡る、まさにその最前線を指します。

　そして、「細細粒度」とは、前途で述べた最前線で起こっている実態に関する細かい情報を指します。

東南アジアで商品を売る際、この最前線の細細粒度の実態がわかっていないメーカーに、ディストリビューターを管理・育成などできないということです。

　東南アジアで「売る」には、ディストリビューター以上に最前線の状況を理解し、そのうえで、ディストリビューションという一部の業務をディストリビューターに任せるというのが、本来、メーカーがすべき適切な手法なのです。

　多くの日本企業にありがちなのは、「とにかく現地のことはよくわからないから、パートナーとなるディストリビューターに任せるのが一番」という思考です。これがすべての過ちのスタートなのです。

　現地のことがわからなければ、東南アジアでは売れません。そして、たまたまよいディストリビューターに出会えれば幸運ですが、運に任せて東南アジアビジネスをやるべきではないでしょう。

　したがって、まずは商品が売れる最前線を細細粒度で理解するということが非常に重要になるのです。

　これをしっかりと行えば、ディトリビューターを永続的に管理・育成しながら、東南アジアで強固な販路を確立することができます。

　ちなみに、先にも述べた外資系企業のP&Gや、ユニリーバ、サムスンなどは、東南アジアでも、最前線、細細粒度の情報収集と分析、そしてその結果から生まれるディストリビューターの管理・育成戦略が確立されています。

アジアの市場への投資をどう考えるか？
―― 中長期的な戦略と覚悟が不可欠

▶なぜ、日本企業は失敗するのか？

　日本では大手でも、アジアに出ればそこには何十年も前に進出している欧米メジャーとの競合が待っています。したがって、「日本製」もしくは「日本企業の質のよい製品」をアジアの富裕層向けに売ればよいなどという上面作戦では、アジアで継続的な利益を出していくことは難しいでしょう。

　重要なのはチャネル戦略であり、チャネル戦略なくしてアジアで成功することはできないのです。

　これは、消費財にも生産財にもいえることです。結局のところ、日系企業の多くは、「製品の現地適合化」と「中間層以下へのチャネル構築」の壁を越えられず、消費財メーカーであれば、必然的に先進国で売っている現状の製品をほぼそのまま売れるアジアの富裕層にターゲットを設定した戦略になびくし、生産財であれば、先進国で売っているハイエンド製品を買える現地日系企業や外資系企業をターゲットとした戦略になびくことになるのです。

　導入期戦略として、まずは上層から徐々に下層に攻めるのだと考えるものの、上層のチャネルと下層のチャネルでは、チャネルの構築の方法も、期間も労力も、そしてノウハウも異なるため、なかなかうまくいかないのが現実です。

　たしかに、東南アジアは毎年高い経済成長を達成しており、消費者も企業もどんどん豊かになっています。

　しかし、消費財であれば中間層以下、生産財であればローカル企業が今後も数十年にわたりマジョリティ市場であり、この市場で成功しなければ東南アジアに進出するメリットがそもそもなく、ある一定の市場シェアを獲得できる規模のビジネスは成立しないのです。

「待っていれば、じきに自社の製品に合う市場に育つ」では、育ったときには他社の市場になっているでしょう。

▶ 東南アジアのEC市場の現実

　忘れてはいけないのが、東南アジアのEC（電子商取引）市場の存在です。簡単に触れておきましょう。ここでは、インドネシアに焦点を当ててみます。

　2013年におけるインドネシアのインターネット人口は約1億3000万人と、日本の総人口を超える規模といわれています。この数値だけで判断すれば、EC市場としての魅力は十分に感じます。前述した伝統的小売や近代的小売といったオフライン流通もよいけれど、これらオンライン流通にもいますぐにでも進出すべきと考える方も多いのではないでしょうか。

　しかし、実際にはいろいろと考慮すべき事情があります。

　たとえば、1.3億のインターネット人口のうち、ECを利用している層は一部に限られています。また、購入者へ商品を届ける**物流インフラや決済インフラの整備が不十分**なため、ネット通販の対象顧客は都市部などに限られています。販売側にしてみれば、ECでは売る商品の選択を間違えると、まったく売れない事態にもなりかねないのが実情です。

　また、ネットユーザーの利用端末にも注目が必要です。一般的にはパソコンを通じてインターネットにアクセスするものと考えがちですが、インドネシアでは、**携帯電話（スマートフォン含む）からのアクセスが約半分の48%を占めている**のです。この数字は、タイの36%やマレーシアの21%など他の東南アジア諸国と比べても非常に高いのです。インドネシアでは携帯電話の普及率が100%に近く、SNSやメッセンジャーの利用者が極端に多いのです。

　インドネシアのFacebookユーザーは4800万人と日本の1350万人を大きく上回ります。さらに、携帯電話全体に占めるスマートフォンの割合も、現在は30%程度ですが急速に拡大しています。インターネット利用者とのコミュニケーションのとり方、つまりは、ウェブサイトやネット広告も重要となるのです。

東南アジアのチャネル戦略

オフラインでは,『伝統的小売』と『近代的小売』,
オンラインでは,『EC（電子商取引）』の3つの観点で組み立てる必要がある。

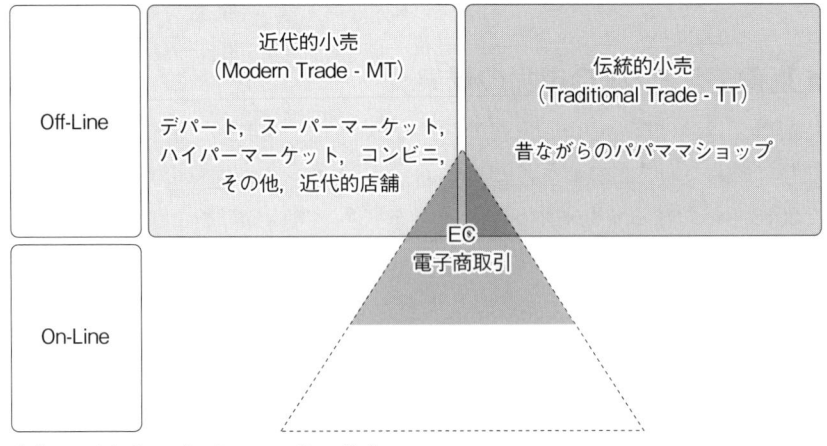

Off-Line	近代的小売 (Modern Trade - MT) デパート，スーパーマーケット，ハイパーマーケット，コンビニ，その他，近代的店舗	伝統的小売 (Traditional Trade - TT) 昔ながらのパパママショップ
On-Line		EC 電子商取引

出典：スパイダー・イニシアティブにて作成。

　インドネシアのオンライン流通環境は、日々変化しています。だからこそ市場を的確に捉え、どのような戦略で事業展開するのかをしっかりと組み立てないとなりません。

▶ 中長期の投資が必要

　さて、いよいよ実際の東南アジアにおける販路構築の方法論ですが、まず読者の皆さんに理解していただきたいのは、「東南アジアで売る」ということは、そう甘くはないということです。
「日本でダメだから東南アジア市場」や「生き残りをかけて東南アジア市場」、はたまた「メディアやまわりの企業が東南アジア市場だから……自社も」が根底にある会社は、出鼻をくじかれるでしょう。日本でダメ、つまりは売れていないのに、東南アジアで売れるという可能性は著しく低いのです。
　勝手のわかっている日本市場に比べ、東南アジア市場は圧倒的に難しい市場です。日本でダメな会社が東南アジアで成功することなど、まずないでし

ょう。

　日本と比べて格段に難易度の高い市場に、生き残りをかけて出るなどという発想は論外です。本来は、生き残りをかけなければならなくなる前に出なければなりません。

　東南アジア市場を獲るということは、それなりの時間と労力とお金がかかります。東南アジアに出て死期を早めるくらいなら、国内にとどまって生き残りをかけるか、できる限り長く延命するほうが適切でしょう。

　さらに、メディアやまわりの企業が東南アジアを目指すので、「自社も」という会社も論外です。東南アジア市場で販路を構築するということは、生産拠点をつくりに行くのとはまったく勝手が違います。

　生産拠点をつくりに行く際は、現地への投資となるので、地元政府が大いにバックアップをしてくれるし、生産した製品は日本や欧米、または現地日系企業など、ある程度売る先が決まっています。

　ところが、販路構築はそうはいきません。ゼロからすべてを組み立てないとならないのです。

　たしかに、近年の東南アジア市場は著しい成長を遂げています。今後、中間層がさらに拡大し、近い将来、たいへん魅力的な市場へと成長していくでしょう。

　しかし、所得格差や貧富の差が激しい東南アジア市場においては、明確な中長期戦略をもたなければなりません。そして、将来のさらなる大きな市場のために、<u>中長期で投資を行う覚悟と準備</u>ももたなければなりません。

　足下の数字で見れば、世界第3位の経済大国である日本市場のほうがよっぽど魅力的です。また将来の経済規模にしても、全体平均でいえば、日本のほうが数倍も大きいのです。

　東南アジアはターゲットを間違えれば、利益にはつながらない市場であることを理解しなければなりません。東南アジア市場を本気で獲りにいくには、中長期の投資は必須なのです。

東南アジアにおける「売り方」の原則
―― 販路構築のための調査と戦略

▶「可視化」からすべてが始まる

　東南アジアで売るには、中長期の投資が必要であることを理解したら、次は、「売る」ための全体プロセスについて考えましょう。

　東南アジアで販路を構築するには、次ページの図のように、大きく3つのフェーズで進めるのが適切でしょう。

　まず、フェーズ1では、<u>わからないことを「可視化」し、整理するための「調査」を行います</u>。先にもお伝えしたとおり、「わからないから、パートナーに任せる」という発想では成功はしません。国内においてもそうですが、「わからないことは明らかにする」。これはごく当然のことなのです。

　たとえば、販売をパートナーに任せるという戦略上の判断をする場合においても、わからないから任せるのと、わかっていて任せるのでは、成果やリスクは天と地の差です。したがって、この最初のフェーズとなる調査は、東南アジアにおける販路構築の第一歩となるのです。

　では、何を調査すればよいかですが、まず調査を大きく3つに切り分けます。東南アジアで販路を構築するために重要な3つの情報とは、「市場」と「競合」と「流通」環境であり、それらを可視化するのです。

❶市場環境の可視化

　「市場」とは、主にマクロ環境を指しているのですが、たとえば当該市場の人口動態的要因、経済的要因、社会文化的要因、自然環境的要因、技術的要因、政治・法的要因などの可視化です。

　もっと簡単にいえば、そもそも<u>その市場に出て儲かるのか否かをマクロ経</u>

全体プロセスを理解する

Phase 1 調査			Phase 2 戦略構築	Phase 3 販路構築
1 市場環境の可視化	2 競合環境の可視化	3 流通環境の可視化	チャネル戦略の構築（市場参入戦略）	販路構築
アウトプット	**アウトプット**	**アウトプット**	**アウトプット**	**アウトプット**
当該市場の人口動態的要因、経済的要因、社会文化的要因、自然環境的要因、技術的要因、政治・法的要因などの可視化。	当該市場の競争環境の可視化。主要競合企業の資金力、開発力、販売力などの実態の可視化。	当該市場の流通構造の可視化。流通プレイヤー、商習慣、施策、リベートなど流通の実態を可視化。	PEST分析、RSTPMM分析、業界構造分析、流通構造分析、参入障害分析、外資政策、法規制、税制、拠点形態、資本分類（合弁・独資）、M&A、F／S、商流、物流、契約、投資対効果、戦略アプローチとプロセスの確認を含めた市場参入戦略の立案。	当該市場における販路を構築。Distributorとの契約交渉から、実際に商品が流通するまでのルート営業含め、包括的な活動。

出典：スパイダー・イニシアティブにて作成。

済数値で見るということです。

　さらに、東南アジアといえども11カ国あり、一般的に経済成長が著しい国は、シンガポール、マレーシア、インドネシア、フィリピン、タイ、ベトナムといわれます。最近ですと、ミャンマーやカンボジアなどのメコン経済圏への注目度も上がっていますが、相対的に見て、どこが最も可能性が高いのか、プライオリティを上げる必要があるのかを見ていかなければなりません。そして、国だけではなく、都市でも見ていかなければなりません。

　都市部と農村部では、市場性がまるで違うし、たとえば、インドネシアといっても、インドネシア最大の都市ジャカルタとカリマンタンのバンジャル

マシンでは、経済規模は大きく異なります。フィリピンであっても、メトロマニアのあるルソンと、ヴィサヤ、そして、ミンダナオでも、市場性は大きく異なります。

よくありがちな過ちに、「弊社はベトナムに工場があるので、ベトナム市場から販売を始める」というケースがあります。たしかに、地産地消ができれば、物流などの面でメリットが大きいのは事実です。

しかし、そもそもベトナムに生産拠点をつくったのは、安価な労働力を求めてのことで、そこで生産した多くの部品や製品は、日本や先進国、もしくはベトナム国内の日系企業に納められていたはずです。近年、ベトナムの経済成長が著しいので、工場のあるベトナムから販売するというのは、あまりにも安易な戦略です。

重要なのは、ベトナムで売るうえでの物流ややりやすさのメリットと、ベトナムの市場性です。ベトナム以外の東南アジア諸国の市場性を相対比較したうえで、本当にベトナムが適しているのかを判断しなければなりません。

そして、市場の可視化とは、先に述べた人口動態的要因や経済的要因だけでなく、社会文化的要因や政治・法的要因などもしっかりと可視化していかなければなりません。

❷競合環境の可視化

次に「競合」ですが、競合とは、その地域に存在する競合企業。その実態を可視化することです。

市場性の可視化で、いくら市場が大きいことがわかっても、そこに強敵が多くいれば、その市場で勝つ可能性は著しく下がります。当然のことながら、魅力的な市場には、競合が多く存在するのが一般的です。

当該市場の競争環境の可視化とは、**主要競合企業の資金力、開発力、販売力などの実態を明らかにする**ことを指します。敵の実態がわからなければ、敵を倒すことはできないのです。

また、東南アジアで戦うということは、日系だけでなく、世界中の企業と戦うことを意味します。日本が東南アジアを魅力的な市場と感じているのと同じように、世界中の企業もそう感じているのです。とくに開発力ではひけ

をとらない日本企業ですが、販売力に関しては、欧米企業は営業力以上にマーケティング力を武器とするので、日本企業にとっては脅威な存在となるケースが多々あるのです。

また、中国や台湾、韓国、そして東南アジアのローカル企業に関しても、コスト競争力では強敵に値する存在です。

「品質が高いから大丈夫」「日本ブランドがあるから大丈夫」だけでは、競合との差別化は非常に難しいのが、現在の東南アジア市場です。先にも述べたとおり、日本企業の競争力やジャパン・ブランドの存在感は、80年代、90年代と比較すると著しく低下しているので、この敵を知るというプロセスは、東南アジア市場攻略のうえでは大変重要になります。

別の観点からいうと、多くの場合、欧米や韓国、中国の企業が先駆者として当該市場ですでに販路を築き、事業を展開しているケースが多々あります。競合を知るということは、彼らがたどってきた道のりや、失敗・成功要因の分析などにもつながるのです。自社の革新的な戦略を生み出すヒントになるかもしれません。

❸流通環境の可視化

次に、流通環境の可視化ですが、これは**市場の流通構造を明確にしたり、流通プレイヤーや、そこでの商習慣、行われている施策、また、アジア独特のリベートなどの実態を可視化**することです。

結局、消費財であれば、ECや訪問販売、通信販売などで消費者に直販を行うか、B to Bであっても、ユーザーへ直販を行わない限り、商品や製品、部品を売るには流通、つまりは販路が必要になります。その販路の実態を理解しなければ、販路を操る、もしくは動かすことはできないのです。

これは流通に限った話ではありませんが、よく「行ってから学ぶ」や、「出てやりながら学ぶ」という企業があります。しかし、東南アジアの著しい経済成長のスピードは、行ってから学んでいてはとても追いつけません。

また、これら根性論がベースにある戦略が通用するような甘い市場でもないことは理解しておく必要があります。行く前にいかに知るか、学ぶかが重要なのです。当然、失敗から学ぶことも重要ではありますが、本来、知って

いれば避けられた失敗は、避けるのが得策です。
　では、実際に流通環境を知るということは、どういうことなのか、説明したいと思います。
　たとえば、消費財メーカーの場合、メーカーから消費者に商品が渡るまでの川上から川下までの流通をすべて理解しなければ、強い販路は築けません。これを知ることで、自社がどの流通（チャネル）をとるべきか、とらなければ勝てないのかが理解できるからです。
　生産財メーカーでも、考え方は同様です。メーカーからユーザーに製品が渡るまでの流通をすべて可視化する必要があります。そうすることで、自分たちに必要なチャネルが明らかになるのです。

▶チャネル戦略の構築と実践

　さて、調査、すなわち可視化がなぜ必要か、そして何を可視化する必要があるのかは、ご説明してきた通りです。
　次に、「戦略構築」ですが、当該市場の実態が明らかになったら、革新的なチャネル戦略や参入戦略を構築していくわけです。そのためには、<u>「自社（Company）」「市場（Customer）」「競合（Competitor）」「流通（Channel）」の４つの観点から整理し、戦略を描く</u>必要があります。
　たとえば、PEST分析、RSTPMM分析、業界構造分析、流通構造分析、参入障害分析、外資政策、法規制、税制、拠点形態、資本分類（合弁・独資）、M&A、F/S、商流、物流、契約、投資対効果、戦略アプローチとプロセスの確認を含めた市場参入戦略の立案などです。
　少し噛み砕くと、「自社」に関しては、自社の強みと弱み、機会と脅威（SWOT）を中心に、自社の経営資産と製品優位性を客観的に整理、分析、評価を行います。戦略の視野を「製品優位性」だけにとどめず、<u>企業としてグローバルレベルでの競争優位性も客観的に整理する</u>ことで、M&Aなど幅広い戦略が描けるのです。
　「市場」に関しては、グローバル市場における市場特性を国別、都市別に数値的観点で見ることで、自社の戦略的優先順位を導き出すことが可能となり

ます。

　とくに平均値で計り難いアジア市場などは、都市別戦略を構築する必要があり、**都市別で市場性を見ていく**ことが重要です。

　「競合」に関しては、競争環境を徹底的に可視化することで、グローバル市場における自社の現状の位置づけ、そして、今後の可能性を可視化することができます。

　また、**競合の「強い」や「弱い」を数値的観点で見る**ことで、何が強いのか、何が弱いのか、そしてそれを突く方法はあるのか否かをより具体的に整理することができます。

　「流通」に関しては、自社の商品を実際に流通させる**ディストリビューターの実態を整理、可視化する**ことは、現地で売上を上げるうえで最も重要となります。流通構造の可視化から各流通プレイヤーの実態までを完全に可視化する。そのうえで、どのようなチャネル・イノベーションを起こせるかが、チャネル戦略上最も重要となります。

　また、戦略構築上、重要となる5つの項目を紹介します。「**市場機会の分析**」「**標的市場の選定**」「**競争的座標の確認**」「**販売戦略の企画**」「**戦略計画の作成**」の5項目をベースに組み立てていきます。これらは、先述した可視化で得た情報をベースに組み立てていきます。

▶コンサルタント会社の活用法

　この戦略の構築に関しても、社内に東南アジア事情に精通した優秀な社員が多くいれば別ですが、調査と同様にすべてを社内で完結するのは難しいでしょう。

　「東南アジア事情に精通している」といってもレベルがまちまちで、駐在経験程度では難しいのが現状です。

　調査で集めたファクト（事実）をインプットとすると、それを戦略というアウトプットに転換しなければなりません。それも勝てるアウトプットでなければなりません。インプットは、そう簡単には革新的な戦略、つまりは、アウトプットにはならないのです。

東南アジア市場における販路構築の方法

1．自社の現状の整理	人，モノ，金，情報のすべてにおいての対東南アジアの準備状況の整理。
2．環境調査	(1) 市場環境調査 対グローバル市場での市場規模の算出，各種統計数値算出，そして，適切市場の抽出と参入プライオリティの決定。 (2) 競争環境調査 主要競合企業の抽出及び，主要競合企業の情報収集。 (3) 流通環境調査 主要流通構造の可視化。流通構造の特性の整理。
3．法規制調査	指定ライセンスの確認。主要国における販売ライセンスの確認。商標や関税も同時に整理確認。
4．業界有識者インタビュー調査	主要各国の業界有識者に訪問ヒアリングを実施し，有識者の意見も戦略策定の参考にする。
5．ディストリビューター調査	ターゲットを顧客にもつディストリビューターの抽出と情報収集。ロングリストからショートリストの作成。
6．戦略立案	戦略の基本である，次の5項目を整理。市場機会の分析，標的市場の選定，競争的座標の確認，販売戦略の企画，戦略計画の作成。
7．ディストリビューター訪問	前項までの活動をベースに，実地でディストリビューターを訪問し，ディストリビューターの実態を調査。

出典：スパイダー・イニシアティブにて作成。

　そこで浮上するのがコンサルタントの存在ですが、多くの企業の東南アジア市場での成功や失敗を一緒に体験してきたコンサルタントに相談するのは、革新的なチャネル戦略を生み出すには、非常に有効な手段です。

　相手にもよりますが、優秀なコンサルタントは、頭だけでなく、手や足も動くので、事業会社にとっては、大変便利なツールとなるでしょう。

　仮に、コンサルタントの費用として月に数百万円のコストがかかり、1年

東南アジア市場における販路構築の方法（続き）

8. ディストリビューター確定	訪問調査の結果を受けて，指定のディストリビューターの確定を実施。
9. 契約交渉	ディストリビューターとの契約交渉。契約内容の調整，締結。
10. 受注獲得	契約後の初回注文数の調整。初回注文の確定，受注へ。
11. ルート営業	定期注文拡大に向けてルート営業を実施。ディストリビューターとのターゲット同行，各種マーケティング，プロモーション施策の立案から実施。
12. 管理教育	ディストリビューターの引合管理標準化。在庫，注文管理，製品知識教育等の実施。

ここまでやって，はじめて強固な販路が構築される

→次年度以降は，構築した販路のさらなる活性化と，次エリアの開拓

出典：スパイダー・イニシアティブにて作成。

間契約したとしても、グローバル人材を雇えば、年収1千万円は下りません。年収1千万円以下で入社する人材は、東南アジアの実践で本当にグローバルな力を発揮できるか、疑問が残ります。

　また、コンサルタントは、契約社員のようなものです。ノウハウを伝授され、不要になれば、即時契約を解除できるのです。中途半端な戦略で失敗するくらいなら、しっかりとしたコンサルタントを一定期間雇うほうがムダがないのではないでしょうか。

▶ディストリビューターと契約する

　戦略が完成すると、いよいよその実践に入るわけですが、チャネル戦略の場合、直販を除き、その第一歩が販売網、つまりは販路の構築です。
　すなわち、先に行った調査で可視化されたディストリビューターと実際に

商談し、契約交渉を行います。

　契約条件や契約交渉上のポイントは、各種調査で明らかになっているので、比較的スムーズに流れるでしょう。もちろん、東南アジア市場ですから、予期せぬ事態は起こりますが、しっかりとした調査を行っておけば、致命的な事態は回避できます。

　販路構築上、重要なのはディストリビューターと契約した後のプロセスです。先にも述べましたが、ディストリビューターと契約を締結したので、「後は任せた！」では、東南アジアで商品を流通させることはできません。

　販売網をつくったといっても、それは単に「パイプ」を通したにすぎません。水を流すのにパイプは必須ですが、東南アジアではパイプを通しただけでは水は流れません。

　ここからが本当の意味で、メーカー自身が努力をしなければならない点なのです。通したパイプにいかにして水を流すか――。

　前述のとおり、「最前線、細細粒度」で、ディストリビューターとともに、販路を築いていかなければならないのです。ディストリビューターをいかにして管理・教育していくか、その実践方法のすべては、競合の実態調査からヒントも得られるし、コンサルタントから学ぶことも可能です。

第4章

BOPビジネスで
アジア市場を開拓する

アジア市場をBOPビジネスで開拓する

　若林と川谷は、国際協力機構（JICA）の民間連携事業部で、2010年から始まったBOPビジネスにかかる支援制度に携わってきました。民間連携事業部に配属になる前は、若林はインドやフィリピンなどの円借款事業、川谷は南アジアなどの技術協力といった政府開発援助（ODA）による途上国開発に携わってきました。

　JICAは、2008年に「民間連携」をひとつの事業の核とし、そのための部署を新たに設置しました。開発援助の潮流も2000年代以降、民間企業とのパートナーシップが途上国の開発を推進するうえで重要と認識されてきています。

　いわゆるBOPビジネス（インクルーシブビジネス）との連携には、JICAをはじめ多くの援助機関が民間企業とタッグを組むことで、お互いにWin-Winの関係を築きながら、途上国の開発課題の解決にも貢献する事業を支援しています。年間所得が3000ドル以下のBOP層は世界で40億人いるとされ、その市場潜在性に早期から着目し、BOP層のニーズに即したビジネスを展開することで、将来的に中間層となる大きなマーケットを狙うビジネスモデルに注目する企業が増えているのです。

　日本において2009年はBOPビジネス元年とされ、それ以降、日本政府を中心にさまざまな支援が始まるとともに、BOPビジネス関連書籍も複数出版され、新たなビジネスの可能性として注目されてきています。筆者はJICAのBOPビジネス支援制度の開始以降、多数の民間企業やNGOの方々などとの連携を進めてきましたが、その過程でBOPビジネスの可能性や事業化を実現するうえでの課題や教訓など、さまざまな知見を得ることができました。

　この章では、JICA支援制度などを通じた日本企業の実例も踏まえ、日本企業がアジアでBOPビジネスを実現するためにどのように取り組んでいくべきか、一緒に考えていきたいと思います。

（若林仁、川谷暢宏）

なぜBOPビジネスが重要なのか?
―― ビジネスチャンスと社会的価値を追求する

▶BOPビジネスとは何か?

　ここで改めて「BOPビジネスとは何か?」を考えてみましょう。BOPビジネスの定義については、さまざまな議論があります(次ページ参照)。

　一般的に、BOP層とは**世界で約40億人、全人口の約7割といわれている、2002年の購買力平価ベースで年間3000ドル以下である層**を指しています。

　BOPビジネスとは、そうした所得層を対象とするビジネスを行いながらも、BOP層の抱える課題の解決に貢献することを通じて、企業とBOP層のWin-Winの関係をつくり出すビジネスモデルのことです。

　ただし、後に述べるようにBOP層を対象とするビジネスとはいっても、ビジネス自体は必ずしもBOP層のみを対象とするとは限りません。したがって、「インクルーシブ(包摂的)ビジネス」など、さまざまな呼称が用いられています。

　従来、多国籍企業の多くは途上国でビジネスを行う際、高中所得者層をターゲットとしており、低所得者層は購買力がなく、ターゲットにならないと捉えていました。

　こうしたなか、ヤクルトなどの一部の日本企業やP&G(米)やダノン(仏)のように、先駆的に低所得層に対して積極的にアプローチする企業が現れていますが、そのような企業はまだ多くありません。

　一方で、1990年代後半からこれらBOP層をビジネスのチャンスとして取り上げる動きが始まり、とくに2004年にC・K・プラハラードの『ネクストマーケット(原題：The Fortune at the Bottom of the Pyramid)』が出版されて以来、企業は新たなビジネスのチャンスとしてこの層に注目するように

BOPビジネスの定義

	定義（筆者仮訳）
プラハラード	BOPビジネスは，「収益をあげつつ貧困を撲滅する」
世界銀行・国際金融公社（IFC）	インクルーシブ・ビジネスは，BOP層の人々をコア・ビジネスのバリューチェーンにおけるサプライヤー，ディストリビュータ，小売人，あるいは（and／or），顧客として加えることにより，BOP層の人々に対し財・サービスや生計（の手段）を商業ベースで提供する民間セクター・アプローチである。
アジア開発銀行（ADB）	インクルーシブ・ビジネスは，リーズナブルな収益確保（IRR 8-20％）と，持続可能な就業機会や生計向上の機会提供，最貧困層や低所得層（1日3ドル）の生活に資するサービスの提供を通じて具体的な開発インパクトを創造する，という2つの目的達成のために，とくに低所得層市場をターゲットとする民間投資である。
G20	インクルーシブ・ビジネスは，BOP層の人々をサプライヤー，ディストリビューター，小売人，あるいは（and／or），顧客として企業のコア・ビジネスのバリューチェーンの一部とすることにより，BOP層の人々に対し，財・サービスや生計（の手段）を，一定の規模あるいは一定の規模への拡張可能性を有しながら，商業ベースで提供する民間セクター・アプローチである。
持続可能な開発のための経済人会議（WBCSD）	インクルーシブ・ビジネスは，WBCSDが作った用語であり，低所得コミュニティのための財・サービス，生計（の手段），機会へのアクセスを拡大することを目的とするものである。
国際ビジネス・リーダーズ・フォーラム（IBLF）	インクルーシブ・ビジネスは，中核的（コア）活動を通じ，利益を上げることができ，また同時に貧困と闘うことに寄与するものである。 インクルーシブ・ビジネス・モデルは，ビジネス側と貧困者側との相互利益をもたらすことを意図するもので，売上げと利益をあげつつ，雇用を生み，新しい商品へのアクセスを提供し，（貧困者の）収入を増やすものである。 成功するインクルーシブ・ビジネスのイニシアティブは，貧困者を需要サイドでの顧客として，または供給サイドでの被雇用者，生産者，事業主として取り込むもので，コミュニティ開発の目的とビジネス活動とを統合するモデルであるとみなすことができる。
経済産業省	主として途上国におけるBOP層を対象（消費者，生産者，販売者のいずれか，またはその組み合わせ）とした持続可能なビジネスであり，現地におけるさまざまな社会的課題の解決に資することが期待される，新たなビジネスモデル。

所得ピラミッドとその人口

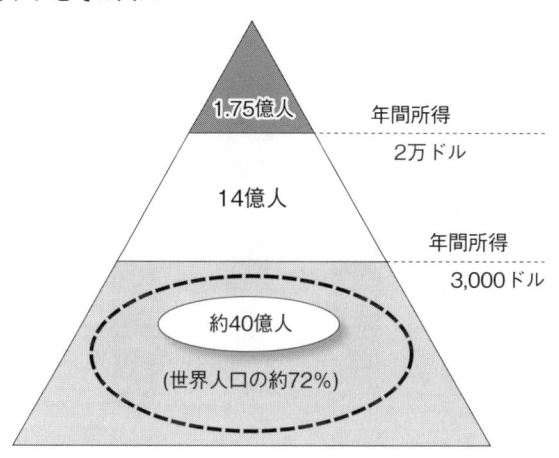

```
           1.75億人          年間所得
                            2万ドル
         14億人
                            年間所得
        約40億人              3,000ドル
    (世界人口の約72%)
```

出典：Hammond, A, L, et al (2007) The Next 4 Billion. World Resource Institute, IFC。

なり、世界で多くのBOPビジネスの取り組みが増えてきています。

2007年のアラン・L・ハモンドらの研究によれば、**アジアにおけるBOP層の人口は28億5000万人で、総人口の83%**を占めるとしています。また、BOPの家計所得は、地域の総所得の41.7%を占めています。

そして、今後10年で中間層の消費は莫大に増えると予測されています。**BOP層を「ブルーオーシャン」として今から着目しておくことで、将来、BOP層が中間層に成長したとき、大きなマーケットシェアを獲得できる**と期待されています。

たとえば、インドにおいて爆発的な経済成長が始まる前、多国籍企業の多くは高所得者層のマーケットだけをターゲットにしていました。そうしたなかで、サムスンは積極的に低所得者層向けの廉価な商品を開発するとともに、流通網を構築することによって大きなマーケットシェアを得ました。

もうひとつ、BOPビジネスを語る際によく引き合いに出されるのが、ヒンドゥスタン・ユニリーバ社の戦略です。同社はインドにおいて石鹸を小分けにすることで、BOP層の手の届く価格で提供できるようになり、BOP市場を獲得しました。

日本でBOPビジネスが注目されるようになったのは、2008～2009年頃です。

今後増大する新中間層

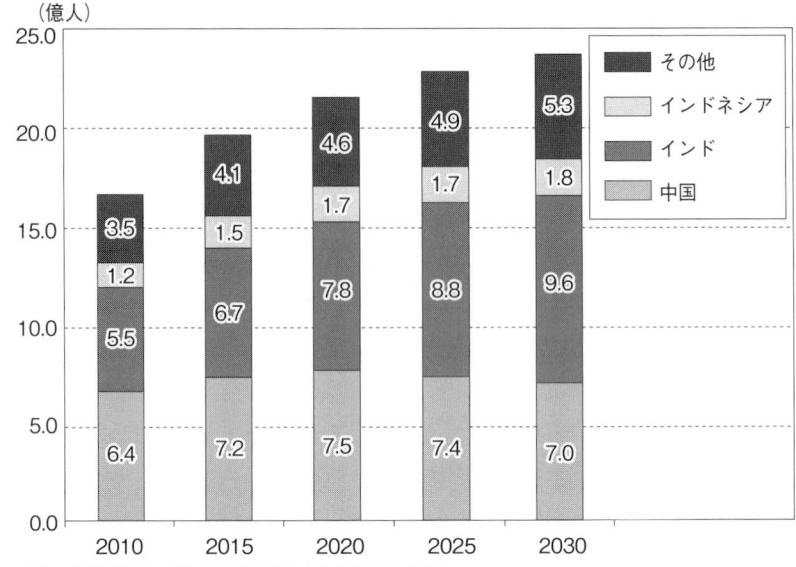

(億人)

年	中国	インド	インドネシア	その他	合計
2010	6.4	5.5	1.2	3.5	
2015	7.2	6.7	1.5	4.1	
2020	7.5	7.8	1.7	4.6	
2025	7.4	8.8	1.7	4.9	
2030	7.0	9.6	1.8	5.3	

出典：経済産業省「新中間層獲得戦略」(平成24年7月)。

　世界的には、リーマンショックによって先進国経済が打撃を受け、リスクに対する考え方が変わりました。同時に、ビジネスの社会的な側面にも目が向くようになりました。

　このような世界的な潮流に加え、先進国を主な輸出先としたビジネスだけでは成長を目指しづらくなった日本企業は、急激な円高も相まって、新興国や途上国に注目するようになってきたのです。

　人口や所得などの数字を見れば、BOP市場は非常に魅力的なマーケットです。また、アジアの多くの国において日本製品に対する信頼は厚く、日本企業は有利な立場にあるともいえます。市場には日本製品の模倣品があふれ、日本を思わせるブランドネームの商品が数多く存在しています。

　その一方で、BOPビジネスにはチャレンジングな点が多くあることも事実です。たとえば、ミシガン大学のアニル・カルナニ教授は、BOP層はインフラや金融に対するアクセスが欠如していたり、彼らの住居の多くが散在する農村地域にあるため流通網の構築が困難であったりすることから、

新興国における新中間層の動態予測

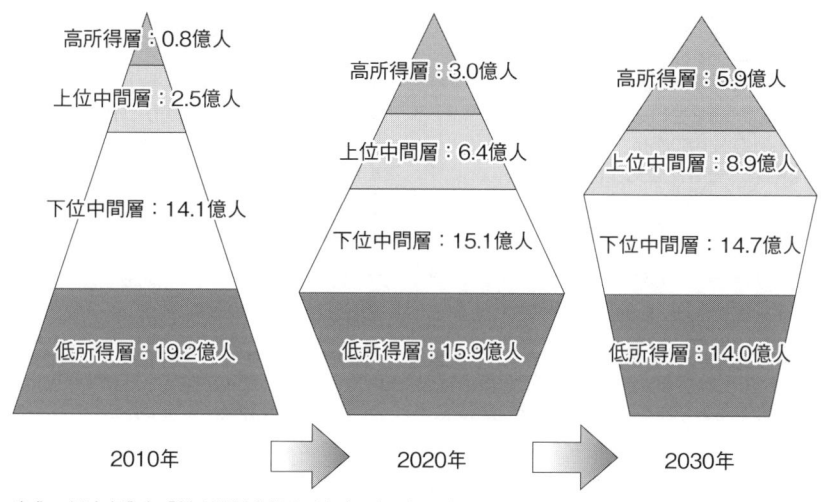

2010年
- 高所得層：0.8億人
- 上位中間層：2.5億人
- 下位中間層：14.1億人
- 低所得層：19.2億人

2020年
- 高所得層：3.0億人
- 上位中間層：6.4億人
- 下位中間層：15.1億人
- 低所得層：15.9億人

2030年
- 高所得層：5.9億人
- 上位中間層：8.9億人
- 下位中間層：14.7億人
- 低所得層：14.0億人

出典：経済産業省「新中間層獲得戦略」（平成24年7月）。

BOPビジネスは「高くつくビジネス」であるとして、BOPビジネスへの「幻想」を批判しています。

　また、多くの研究書・論文などでBOPビジネスの成功例が広く紹介されていますが、失敗例や頓挫した例がその陰に数多く隠れているのも事実です。

　成功したと評価されるケースですら、財務的な数字だけで見れば必ずしも成功とはいえないものが少なくなく、真にBOP層のニーズに応えてはいないという批判もあります。

▶BOPビジネスの考え方

　このような風潮のなか、2005年にスチュアート・ハートは『未来をつくる資本主義（原題：Capitalism at the Crossroads）』において、「小分け」に代表されるような、BOP層を「消費者」としてのみ捉えていたそれまでのBOPビジネスモデルに対して、新たな視点を導入しました。

BOPビジネスの概念の変遷

BOP1.0	BOP2.0
● 生産者・消費者 ● ニーズを聞き出す ● 価格は安いほどよい ● 流通網を広げる ● 既存技術の適用 ● NGOとは限定的な関係 ・ 構造的イノベーション	● ビジネス・パートナー ● 対話を促す ● BOP層の購買行動の特徴を捉える ● さまざまな専門性を結びつける ● 持続可能な新たな技術の創造 ● NGOとの直接的な関係 ・ 内包的イノベーション

出典：BOP Summit 2013, S.ハート氏講演をもとに作成。

　特徴的なのは、BOP層を企業活動のバリューチェーンにおいて生産者、販売者といった幅広い側面で取り込むとともに、BOP層の真のニーズを深い対話によって導き出し、彼らとともに市場を共創するという視点です。

　じつは、日本企業によるBOPビジネスの先行事例には、もともとこのような視点から進められているものがあり、BOP層とともにビジネスを創り出してきています。

　典型的なのはヤクルトの事例です。数十年前から途上国に販路を開拓してきた同社は、日本のヤクルトレディのモデルを東南アジア諸国で活用し、ヤクルト製品をコミュニティに届けています。

　BOPビジネスの進め方については、順を追って詳しく説明していきますが、どのような形でBOP層と関わりをもち得るのか、ここで簡単に整理しておきましょう。さまざまなビジネス提案を大きく類型化すると、次のようになります（第4回BOPビジネス支援セミナー「GRIPS 大野泉教授資料」より）。

①消費／市場開拓型

　BOP層を消費者として、BOP層の生活に合った製品・サービスを提供します。一般的なバリューチェーンでいえば、「販売」「消費」「アフターサービス（廃棄処理）」にBOP層が関わってきます。

②巻き込み型

　事業パートナーとして、BOP層をバリューチェーンのすべての段階――「研

BOPビジネスの発展を支える3大要素

1. 社会変革的視点	社会変革に動機づけられており，顧客や市場，業界や社会もイノベーションの対象としている。 ● グローバルイシューに取り組む ● 現地入り込み土着化する
2. パートナーシップ	多様な外部組織とのパートナーシップにより実現している。 ● Win - Win関係を構築する ● 企業単体ではなしえない価値の創出を目指す
3. ロングターム思考	企業の永続的な成長を求める。 ● 将来市場の構築を優先する ● サステナビリティ（持続可能性）を重視する

出典：「BOPビジネス戦略 - 新興国・途上国市場で何が起こっているか」野村総合研究所（東洋経済新報社）より作成。

従来型ビジネスとBOPビジネスの違い

従来の新興国・途上国ビジネス	BOPビジネス
富裕層・中間層のみアプローチ	BOP層という新たな市場にもアプローチ
社会課題解決を目的としない	貧困などのグローバル課題の解決に寄与
先進国市場での成功体験があるビジネス	BOP層特有のニーズにマッチした製品，ビジネスモデル
主に既存市場への進出に注力	新たな市場を創造することに注力
金融機関からの資金調達や企業セクター内での連携	寄付などの社会的な資金やNGOなどとの連携による新たなリソースの活用

出典：「BOPビジネスに企業はどう向き合うべきか〜社会的課題の解決と将来のボリュームゾーンへのアプローチ」一般社団法人 関西経済同友会 BOP（新興・途上国市場）ビジネス委員会（2013年2月）。

究開発・企画設計」「原材料調達」「生産・製造」「流通」「販売」「消費」「アフターサービス（廃棄処理）」——に巻き込みます。

③現地巻き込み／開発輸入型

バリューチェーンにおける「原材料調達」や「生産・製造」の段階において、BOP層を巻き込み、製品は日本を中心とした市場に輸出し販売します。

上の2つの表をご覧ください。まず、BOPビジネスの継続的な発展には3

つの要素があるとしています。そして、これらをうまく循環させつつ、その企業のコア事業として展開する点が、通常のビジネスとの大きな違いになるとしています。

▶数字では見えてこないBOP層の実態

　プラハラードは、所得階層を3段階に区切り、年間所得が3000ドル以下の層をBOP層として定義したうえで、これら**BOP層は「貧困ペナルティ」を負っている**としました。

　すなわち、市場の情報を十分にもっていないこと、市場へのアプローチが困難であること、信用力がないこと、知識をもっていないことにより、都市部の中高所得者層に比べ、より高い対価を払っていると指摘したのです。

　一方で、企業がイノベーティブなビジネス手法を取り入れ、ビジネスの対象として彼らにアプローチし、より安い対価で彼らのニーズに合った商品、サービスを提供することで、彼らのもつ「貧困ペナルティ」を解消しつつ、企業としても大きなマーケットを獲得できると提唱しました。

　BOP層に対して、私たちはさまざまな思い込みや誤解があります。

　たとえば、BOP層は貧しいからといって、可処分所得がないわけではありません。彼らも多種多様な消費をしており、携帯電話、冷蔵庫、テレビといった耐久消費財を所有していることはよく知られています。

　バナジー＆デュフロの『貧乏人の経済学』では、貧困層は収入があると、栄養がある食べ物を購入するのではなく、よりおいしいものを選ぶ傾向があること、またお金がなくても「見栄」からテレビを買ったりする事例を紹介しています。貧困層だから贅沢品は買わないという固定観念は、必ずしも正しくないのです。

　その他、次のような特性にも、留意する必要があります。

❶収入が低く不安定

　BOP層は、インフォーマルセクター や農業で働く人が多いということに留意する必要があります。

貧困ペナルティ（インド・ムンバイの例）

	地方部 （ダラビ）	都市部 （ウォーデン・ロード）	格差 （貧困ペナルティ）
利子（%）	600-1,000%	12-18%	53倍
水道水（1㎥）	$1.12	$0.03	37倍
電話（1分）	$0.04-0.05	$0.025	1.8倍
下痢止薬	$20.00	$2.00	10.0倍
コメ（1kg）	$0.28	$0.24	1.2倍

出典：Prahalad（2004）。

　アジアにおいては、**南アジアで6割以上、東南アジアでも5割強がインフォーマルセクターで就業している**といわれています。インフォーマルセクターで働くがゆえに給料は安く、かつ安定していないのです。
　インフォーマルセクターで従事する労働者は、法律のもとで権利を保障されていないため、最低賃金以下で働いていたり、解雇により収入が途絶えたり、あるいは労災や病気で職に就けなくなっても賃金の補償がなかったりします。また、日雇い労働など収入が不安定なケースもあります。
　農業に従事している人々の場合、収入があるのは収穫期に限られます。また、天候に応じて収穫量が大きく増減し、それに伴って収入も変動することが少なくありません。さらに、彼らの多くは農業インフラや農業技術を十分にもっていないため、付加価値の高い農作物を生産できず、収入が伸び悩むという傾向があります。

❷居住環境の制約

　BOP層の居住環境には、さまざまな物理的制約があります。たとえば、電気は通っていても停電対策ができないため、**24時間の電力供給が困難**だったり、盗電によって電力をまかなっているケースもあり、その場合、いつ電気を止められるかわからなかったりします。つねに電化製品を使えるわけではないのです。
　また、上下水といった公共サービスに接続できていないことで、市場から水を高い価格で購入しなければならないケースもあります。

さらに、居住スペースも限られており、狭い家屋に大家族が住むことは珍しくありません。スラムの場合、たとえ都市部であっても劣悪な環境にあることが多く、女性が身の危険を冒して夜中に屋外で用を足さなければいけなかったり、災害に遭いやすかったりします。

❸教育水準、知識、スキルの制約

第1章でも触れましたが、アジアにおいて教育水準は上がりつつあり、初等教育に限っていえば、高い就学率を達成しています。平均就学年数で見ても、それなりの水準には達しています。

しかしその一方で、BOP層をビジネスの対象として捉えたとき、そうした数字では見えない現実も存在します。たとえば、ビジネスのバリューチェーンに**生産者、流通者、販売者としてBOP層を巻き込むなら、彼らの職業訓練を行うことが必要**です。

仮に販売者としてBOP層を雇用するとしましょう。しかし、算数のスキルが低く、簿記ができないかもしれません。生産者としても、スキルが十分に身についていなければ、市場が求める品質を確保するためにかなり集中的なトレーニングをしなければならないでしょう。また、消費者としても、その商品・サービスを使うことでどのようなメリットが得られるのかという知識をもっていなければ、販路を拓くことができません。

たとえば、日本人に「なぜ、安全な水が必要なのか？」「栄養素を十分摂取することが必要な理由は何か？」といったことをわざわざ確認することはありません。

しかし、途上国のBOP層にとって、不衛生な水や栄養素の欠乏が人体にどのようなデメリットをもたらすのかは、必ずしも十分理解されてはいません。

新たなビジネスとして商品やサービスを浸透させるためには、まず、「なぜ、その商品が必要なのか？」「それを消費することで、どんなメリットがもたらされるのか？」を啓蒙していくことから始めなければなりません。

❹届きにくいサービス

BOP層の生活面での制約要因や貧困ペナルティの原因としては、これら

のほかに、「**市場情報の不足**」「**規制環境の不備**」「**金融の未発達**」なども挙げることができます。

　市場情報に関していえば、生産者としてはその商品が市場でどれだけの価値をもつかわからないために、仲買人から買いたたかれるということが指摘されます。

　また、規制環境が未整備であるために、法律のもとで認められた労働者の権利を行使できず、劣悪な環境や不法に低い賃金での労働を強いられているケースもあります。

　経済・社会インフラの面でも、農村部では都市部に行くための道路インフラや、情報にアクセスするためのインフラが不足しています。企業にとってみれば、農村部は人口が散在しており、1つの店舗当たりに卸せる品数が少ないため、なかなか商品を売ることができず、さらに輸送費もかかるため、結果として販売単価が高くなるという障壁にもなります。

　公共サービスにおいても、質のよい教育や職業訓練の機会が不足しています。また、医療施設が未整備であったり、経済的負担が大きかったりして、医療サービスを受けられないという実態もあります。

　さらに金融面では、貧困であるがゆえに信用力がなく、フォーマルな金融になかなかアクセスできません。その場合、高利貸しから借金せざるを得ず、その返済のために家計が逼迫するという悪循環に陥ることもあります。

❺ 濃厚なコミュニティの人間関係

　企業にとっても、援助機関やNGOなどにとっても、新興・途上国における活動を展開するにあたり、地元の人々の信頼を勝ち得ることは容易ではありません。途上国のコミュニティでは、コミュニティ内部の人間関係が非常に重視されるため、ビジネスにおいても旧来の信頼関係が大きく影響してきます。

　たとえば、途上国で普及しているマイクロファイナンスでは、回収率を上げるために、コミュニティの人間が連帯責任を負うという方法があります。借り手としては、コミュニティの人間の信頼を失うことのダメージが非常に大きいので、返済するインセンティブが高まるというしくみです。

また、**BOPビジネスでの成功要因として、信頼する人による口コミ**があります。商品・サービスを購買するコミュニティ内に、核となる購買者をつくり、その人間を中心とした口コミや宣伝活動によって多くのBOP層を取り込んでいったというケースもあるのです。
　逆に、信頼の欠如がビジネスの障壁となる場合もあります。たとえば、こんなケースがあります。
　企業がある農村の農業生産性を上げるため、トラクターなどの機械を共同購入によって導入しようとしたものの、うまくいきませんでした。このコミュニティは農民の間に強い相互不信があり、「誰かが軽油を盗む」と皆が思い込んでいることで、誰もトラクターに共同出資しようとしなかったからです。
　BOP層に入り込んでビジネスを展開する場合、いかに現地の人々の信頼を勝ち得ているパートナーと協働できるかが重要だといえるでしょう。

▶「開発課題」から読むビジネスチャンス

　BOPビジネスは、どのような分野で可能性があるのかを見てみましょう。
　2007年に世界資源研究所が算出したレポートによれば、BOP市場は全体で約5兆ドルの規模があり、セクター別では食品（2兆8950億ドル）、エネルギー（4330億ドル）、住宅（3320億ドル）、運輸（1790億ドル）、保健医療分野（1580億ドル）と推定しています。地域別に見ると、アジアのBOP市場が最大であるとしています。
　また、後述する「インパクト投資」を行っている投資家（機関投資家、ファンドなど）に対してJPモルガンが行った調査では、投資に耐えうるセクターという観点から有益な情報を提供しています。
　それによれば、とくに投資家の注目が集まっているのは、食料、保健、金融、教育、住宅、エネルギーであり、食料品・農業に対して投資を行っている投資家が最も多く、世界資源研究所の推計と似たような傾向を示しています。
　また、BOPビジネスに関心のある日本企業の視点で見ても、同様の傾向が見てとれます。地域では、アジアが過半数を占め、アフリカ、中東と続きます。JICAのBOPビジネス支援採択事業の対象分野でも、**農業／農村開発**

がトップで、**保健医療、資源・エネルギー、水・衛生、教育**と続きます。

ところで、開発援助において世界的に目標とされていることとして、2000年に国連ミレニアムサミットで採択された「**ミレニアム開発目標**」（Millennium Development Goals：MDG）があります。

これは、2015年までに途上国が達成すべき目標として大きく8つを掲げ、その下に21のターゲットとそのターゲットの達成具合を確認するための60の指標を定めています。

先進国（OECD加盟国）の援助機関は、途上国で援助を行う場合、これらの目標を達成することを目指してプログラムやプロジェクトを立てて活動しており、**BOP層の抱える開発課題を理解する**ための最初の一歩となります。

MDGのような具体的な目標の設定も踏まえて、開発援助機関や援助に関わるさまざまなアクターはいかに開発課題にアプローチすべきかを明確に示しています。MDGの達成状況については、途上国においては極度の貧困の削減や安全な飲料水へのアクセスといった面では成果があらわれてきています。

一方で、教育、母子保健、衛生といった分野においては、目標達成にはさらなる努力が必要となっています。

このように2015年に向けた取り組みが進む一方、国際社会では、ポストMDGとして、2015年以降にフォーカスすべき取り組みとして、雇用や成長、国内格差の解消、防災・食料安全保障・栄養といった新たな課題への対処、そして民間企業やNGOとの連携強化といったアジェンダについて議論が交わされています。

また、経済成長のなかでいかに「質の高い」成長を達成するかという点にも注目が及んでおり、グリーン成長、貧困層を取り込むインクルーシブな（包摂的な）成長といった方向性を国際社会は目指しています。

このように、ミレニアム開発目標は世界の途上国全体で達成すべき目標ですが、状況は地域や国ごとに異なります。そのため、開発援助機関はその国ごとにそれぞれ開発援助の戦略を立て、それをもとに援助戦略を策定しています。

日本は、外務省が「**国別援助方針**」という各国に対するODAの実施方針を、その国の開発戦略、国家の経済、社会を取り巻く状況などをもとに取り決め

ています（外務省ホームページより入手可能）。

　また国際機関では、たとえば世界銀行やアジア開発銀行は **Country Partnership Strategy** という各国の戦略文書を作成し、支援を行っています。これらは、各機関のウェブサイトで確認することができます。

　さらに、これらの援助機関が作成し、公表している資料には、マクロ経済、政府の政策、政府のガバナンス、そして人々の社会的な属性（教育水準、保健関連の指標）などさまざまな角度から課題分析を行っています。

　援助機関の戦略も、各国の開発政策だけでなく、援助機関の強みや他の援助機関の活動、政府の取り組みといった面からも検討されており、BOP層のもつさまざまな課題にいかにアプローチしているのか、俯瞰することができるでしょう。

　これにより、ターゲットとする国においてどのようなBOPビジネスのチャンスがあるのか、知ることができるはずです。

　また、国という観点ではなく、開発課題――たとえば保健、教育、水資源など――ごとに、これまでどのように援助がなされてきたか、今後どのような支援が考えられているかは、たとえば国際協力機構では**課題別指針**としてまとめています（http://www.jica.go.jp/activities/index.html）。

　援助機関の視点でまとめられた課題や教訓も、BOPビジネスにアプローチするうえでヒントを与えてくれるでしょう。

　加えて、世界のビジネス・投資に関する情報や、BOPビジネスに関する市場情報については、JETROのウェブサイトからもさまざまな情報を収集することが可能です（国別情報：http://www.jetro.go.jp/world/、テーマ別情報：http://www.jetro.go.jp/theme/、BOP／ボリュームゾーンビジネス情報：http://www.jetro.go.jp/theme/bop/）。

BOPビジネスには支援制度がある
―― 民間企業と開発援助機関はパートナー

▶開発援助機関にとってBOPビジネスとは?

　従来、開発途上国の社会経済開発において、国際機関、各国政府の開発援助機関、そしてNGOが現地政府に対する支援活動を展開しています。

　前述のように、国連が定めたミレニアム開発目標（MDG）においては、1日の所得が1.25ドル以下である最貧困層の半減、そして安全な水の供給などの点で、一定の成果を収めてきました。

　一方で、指標の多くを占める保健、教育といった人間開発の分野における取り組みなどはまだ課題も残されているといえます。

　こうした開発援助の取り組みにおいて、反省がなかったわけではありません。たとえば、国際機関や先進国政府の援助機関は、豊富な資金力をもって各国の課題にアプローチしてきましたが、通常、途上国政府が援助の相手となることが多く、援助の効果はその国のガバナンス（統治）能力に大きく左右されるともいわれ、十分な効果が発現できないと指摘されることもありました。

　また、経済・社会インフラについても、途上国政府は整備されたインフラを維持管理する資金が不足した状況に陥る、といった事例もあります。

　1990年代まで、開発援助機関と民間ビジネスとの関係は、法整備やインフラ事業などを通じたビジネス環境整備といった間接的な関与や、インフラ整備におけるコントラクター、コンサルタントといった途上国政府の公共事業の担い手としての関与が中心でした。

　ところが、1990年代以降は、途上国に対する民間投資が飛躍的に増加し、民間セクターが一国の成長で果たす役割が高まっていきました。

こうした流れを受け、開発援助機関においては、**民間資金を積極的に動員したり、民間企業のノウハウ・強みを活かしパートナーとして組んだりする**ことで、お互いの活動に相乗効果をもたせるべく戦略を変化させました。開発援助機関から見ると、民間企業はいくつもの援助機関にない強みをもっています。

ひとつは、ビジネスによる革新性・イノベーションの導入・達成です。民間ビジネスとして競争に生き残るためには、イノベーションを通じて競合他社との比較優位を示さなければならず、柔軟な発想のもとに活動を進めています。

たとえば、安全な水の供給という場合、開発援助機関は途上国政府を通じて、大中規模の水源開発や給配水インフラの開発を支援することが多く、上述の維持管理能力などの制約もあり、必ずしも効果的にBOP層に安全な水が行き渡るわけではありませんでした。

一方で、BOPビジネスにおいては、たとえば小分けの浄水剤やストロー型の浄水装置など、柔軟な発想でBOP層の課題にアプローチする適正技術や商材を提供することによって、民間ビジネスを通じてより効果的な解決策が提示されることが可能になってきています。

もうひとつは、BOP層の開発課題にアプローチするうえで、ビジネスによる効率性、そして自立発展性の確保が期待できるという点です。援助活動は一度終了すれば、その効果の維持や、その後の他地域への波及は途上国の政府、市民に委ねられますが、資金の不足、能力の不足、政府職員の異動などにより、支援した成果を持続させるだけの体制が整わないこともあります。

この点、BOPビジネスでは利益が確保され、その地でビジネスを続けることが想定されることから、民間ビジネスを通じてBOP層が抱えるさまざまな開発課題の改善に持続的に貢献する可能性があります。

また、ビジネスが軌道に乗れば、他の地域に展開することも可能です。こうした効果が発揮されれば、より幅広い層に対して開発課題の解決に民間ビジネスを通じて貢献することが可能になると考えられます。

しかし、民間企業にとってBOPビジネスはリスクが高いのが現状です。開発援助機関としては、BOPビジネスに取り組む民間企業と連携し、自ら

の開発途上国での活動経験や知見およびネットワークを提供することで、民間企業のBOPビジネスへの参入を後押しするとともに、援助機関が目的とする開発課題の解決を加速することが期待できます。

このような考え方から、2000年代に入ると民間企業との連携策を模索する機運が高まってきました。

その先駆けのひとつとして、国連開発計画（UNDP）は、2000年代前半より途上国においてビジネスのための調査やパートナーシップの構築などの支援を行う「<u>Global Sustainable Business (GSB)</u>」の活動や、貧困削減に関連するビジネスを行う企業に対して「お墨付き」を与える「<u>Business Call to Action</u>」というプラットフォームを提供しています。

また、二国間の援助機関も、さまざまな活動を行っています。欧州の開発援助機関も、イギリスが「Challenge Fund」として民間企業の活動にシードマネー（初期投資資金）を提供、ドイツ、デンマークなどはビジネス化の調査段階から、ビジネスの開始段階において資金を提供しています。

さらに米国の援助機関であるUSAID（米国国際開発庁）は、2001年より民間企業との連携スキームとして「<u>GDA（Global Development Alliance）</u>」を展開しており、民間ビジネスの事業資金の50%をグラント（贈与）として提供しています。このプログラムは米国企業だけに対象を限定しておらず、USAIDの援助方針と一致し、彼らの活動のインパクトに好影響を与えるものであれば、<u>自国以外の企業を支援することも可能</u>となっています。

また、2010年より「DIV（Development Innovation Ventures）」を立ち上げ、イノベーティブな事業アイデアの発掘・育成を支援するグラント（贈与）を提供しています。

▶日本におけるBOPビジネス支援制度

日本においても、世界的なBOPビジネスの潮流を受け、2009年ごろからBOPビジネスの支援制度に対する検討が始まり、2010年からBOPビジネスに関する具体的な支援が始まっています。

国際協力機構（JICA）は、2010年に「<u>協力準備調査（BOPビジネス連携促進）</u>」

を開始し、BOPビジネスを始めようとする日本企業から提案を受け付け、ビジネスモデルの構築やパイロット化、事業計画策定、並びにJICAの実施するODA事業との連携を促進するための調査を委託しています（http://www.jica.go.jp/activities/schemes/priv_partner/BOP/）。

また、中小企業については、2012年度以降、ODAによる中小企業海外展開支援事業としてさまざまな取り組みが導入・実施されています。

なお、これらの調査が完了した企業については、調査の結果をまとめた報告書をウェブサイトにて公開しています（http://www.jica.go.jp/activities/schemes/priv_partner/index.html）。

日本貿易振興機構（JETRO）も同様に、BOPビジネスに対する支援を行っています。JETROは、BOPビジネスに関するウェブサイト（http://www.jetro.go.jp/theme/bop/）を通じて、BOP層／ボリュームゾーン実態調査、潜在ニーズ調査、先行事例調査などの調査結果を公開しているほか、BOPビジネスに関する相談窓口（BOP／ボリュームゾーン・ビジネス相談窓口）を設け、BOPビジネス参入に関心のある企業の相談を受けつけています。

また、BOP／ボリュームゾーン現地視察ミッションを東南アジア、南アジア、アフリカなどへ派遣しています。

2013年度には、BOPビジネスアドバイザーを各国に配置しているほか、BOPビジネスの商材の見本市の開催といった取り組みも展開しています。

このように、JICAとJETROは相互に連携しながら、BOPビジネスへの支援を推進しています。

アジアのBOPビジネスに挑む
―― リスキーな事業を成功させる

▶楽観できないBOP市場はアジアの潜在力

　BOPビジネスで成功している、もしくは本格的に操業している企業の数は、世界的に見てもまだ限られているのが現状です。

　2009年から2010年にかけて、米・モニターグループが行った調査では、アフリカにおける439件のBOPビジネスのうち、財務的に採算がとれているのは32パーセントに限られ、且つこのなかで事業が拡大しているものは13パーセントにすぎませんでした。

　また、アキュメン財団は過去10年で5000件のビジネスについて投資を検討したものの、実際に投資したのはこのうち65件だけです。

　これまでのBOPビジネス企業の多くは、価格と利益率を極めて低く抑えた製品を提供し、それを大量に売ることでまずまずの利益を上げることを目指す「薄利多売」モデルを採用してきました。

　ところが、そもそもこのモデルは、対象市場において普及率を非現実的に高い水準に上げない限りビジネスが成立しないという致命的な欠陥を抱えていると、コーネル大学のシマニス教授は指摘しています。

　たとえば、インドの低所得消費者層をターゲットにしたヒンドゥスタン・ユニリーバ社の洗剤『ホイール』は薄利多売モデルで成功を収めた事例ですが、P&G社の浄水剤『PUR』は、競争力を確保するだけの利益を生み出せず、援助機関と連携し、CSR事業として原価で販売するに至りました。

　また、デュポン社もインドで大豆タンパク製品による栄養不良の軽減を目指してプロテイン・アイソレートの小袋と大豆タンパク質を含む加工スナック食品のパイロット事業を実施しましたが、前者は売上が安定せず、後者は

利益率が極めて低く、事業はとりやめとなっています。

シマニス教授は、既存流通インフラを活用する機会が限られており、販売する製品が消費者であるBOP層にとって目新しいものであることが想定される場合は、「基本となる製品のローカライズとバンドル」「実用支援（顧客を引きつけ、製品価値を最大限に活用する知識とスキルを授ける）サービスの提供」「顧客のピア・グループ」の3本柱が必要であることを強調しています。

これは、高い営業費用をカバーし、緩やかな成長と限られた販売量という制約があるなかで、販売取引ごとの利益率を高める必要があるからです。

SCジョンソン社がガーナで取り組むプロジェクトでは、これら3要素をすべて兼ね備えたプラットフォームを構築していると紹介しています。

このように、BOPビジネスの成功は容易ではないものの、BOPビジネスの未来は決して暗いものではありません。

第1章で触れたように、アジアにおいてBOP層を含む人口の潜在的な人的能力が高いことは大きなメリットです。BOPビジネスを行ううえでは、BOP層をいかに消費者として、あるいは生産者、製造・販売過程の労働力として巻き込んでいくかということが重要です。その際に、消費者として啓蒙し、生産者や新規労働力として訓練することが必要不可欠ですが、比較的教育水準が高いアジアにおいては、これらのハードルを越えることは十分可能と考えられます。

また、東南アジアの場合は域内潜在成長力に加え、人口ボーナス期を迎えて、これから中間層になる人々が多く、消費者層あるいは就労人口の成長がより期待できます。

さらに、BOPビジネスを形成していくうえで、ボトルネックとなり得るBOP層とMOP層（Middle of the Pyramid：中所得者層）やTOP層（Top of the Pyramid：高所得者層）との情報格差、インフラの不均衡も改善が進んでいます。

▶ JICAのBOPビジネス支援からの教訓

JICAが、これまでBOPビジネス連携促進調査制度により支援した企業は、

2014年7月末現在で94件に上ります。

　このうち、2014年5月までに調査が完了した43件について追跡調査を行ったところ、事業化段階にあるのは約30％、事業化を検討中であるのは約50％、残りの約20％はさまざまな理由で当面、事業化は困難と判断しています。

　JICAでは、こうした支援事例を通じて、以下の10項目をBOPビジネスに取り組む日本企業が直面しうる課題として抽出しています。

①許認可の取得状況
②製品開発
③原料調達／物流
④現地ニーズ
⑤パートナー
⑥事業環境
⑦人材育成
⑧採算性
⑨資金調達
⑩全社方針

　こうした課題も踏まえながら、BOPビジネスの形成・事業化に際して留意したいポイントについて、次の6つの視点から整理したいと思います。

①社内でのBOPビジネスの位置づけ
②現地のニーズや「ウォンツ（Wants）」に合ったビジネスモデルの構築
③適切な事業パートナーとのマッチング
④資金の確保
⑤法規制の克服・政府との関係
⑥BOP層の啓蒙・育成

　これから順を追って詳しく説明しましょう。

▶社内におけるBOPビジネスの位置づけ

　BOPビジネスを始めるにあたって最も重要と思われることは、BOPビジ

ネスを社内でどのように位置づけるか、そして会社としてどこまでBOPビジネスにコミットしているかという点です。

BOPビジネスを概念だけで魅力的と感じ、実際にいろいろと調査はしてみたものの、「社内の投資基準を満たさない」「技術的な面での課題が多い」などといった理由で事業化に至らないケースがあります。

このような課題は日本の企業に限らず、世界中の企業に見られることです。

たとえば、米・モニターグループは、BOPビジネスを安易に捉える企業に対し、本当に参入の用意ができているのか、次のポイントから警鐘を鳴らしています。

① 低マージン、低付加価値の商取引を莫大な回数行う準備ができているか？
② インフォーマル市場でビジネスを行えるか？
③ 会社の経営陣は長期的なマインドセットをもっているか？
④ 組織文化がBOPビジネスの取り組み・イノベーションを抑圧しないか？

社内でBOPビジネスをどのように位置づけるのか、またその位置づけをもとに、いかにBOPビジネスに対してコミットするのか、いくつかのポイントを示しながら説明したいと思います。

❶ BOPビジネスに何を求めるのか？

まず、BOPビジネスに取り組むうえで大前提となるのは、決して容易ではないBOPビジネスを会社の事業として、どのように位置づけるのかということです。

BOPビジネスの理想的な概念としては、ビジネスとしての収益性を求めつつ、BOP層が抱える開発課題の解決に貢献するビジネスです。そのため、現実的にはBOPビジネスに短期的な収益性を求めることはなかなか難しいでしょう。

JICAが支援したケースでも、次ページにあるような問題に企業は直面しています。スチュアート・ハートも、BOPビジネスは短期的な利潤を求めれば求めるほど失敗すると述べています。

日本企業のBOPビジネスの取り組みにおいても、収益性や社内の投資基準を満たす販売量、マーケットベースの大きさ、投資回収期間などの観点か

ビジネス性を確保するうえでの課題

価格	●BOP層の可処分所得は低いため、価格を低く抑えざるを得ないことがある。その場合、単価を下げて収益性を確保するには相当数の販売が必要。BOPだけを対象としてビジネスを成立させるには相当なマーケットシェアを獲得することが必要であり、MOP／TOP層へのビジネスも視野に入れた多角的な考え方も必要（Whole Pyramidアプローチ）。
支払意思・支払可能額	●BOP層の示す支払意思額（Willingness to Pay）や支払可能額（Affordability to Pay）は限定的。特に、公共サービスとして提供されている分野（水など）に対する支払意思額は限定的。今支払っている額よりも低い額をオファーする必要があるが、そもそも公共サービスの額が低く抑えられている場合も多い。 ●逆に、従来存在しなかった製品・サービスが導入されることで、ポジティブに生活様式に変革が起こされる可能性があるビジネスであれば、消費者の支払意思額が低くなるとは限らない。むしろ品質の高い（相対的に高価な）モノを購入する可能性もあり得る。
ロジスティックス	●1店舗当たりの取り扱い量（在庫量）が少なく、販売網の拡大が困難。 ●農村部にて普及しようとすれば、道路などのインフラが未整備であり、物流網を構築するのが困難。 ●販売員・営業社員のトレーニングにコストがかかる。
コスト	●先進国（日本）と同じものをオファーしようとすれば、そもそも原料の調達にコストがかかる。 ●人件費は低いものの、トレーニングに係る費用を含める必要がある。 ●ロジスティックスが未発達なため、コストがかかる。また、農村部では農村が小規模かつ離れて散在しているため、輸送にコストがかかる。 ●マーケティングが困難。 ●日本企業の自己資金であれば、為替リスクにさらされる。 ●現地銀行からの借り入れであれば、金融コストが高い。
費用回収に要する期間	●低マージンであるため、収益性が低く、費用回収に通常のビジネスよりも時間を要する。

出典：JICA協力準備調査（BOPビジネス連携促進）の報告書をもとに筆者作成。

ら、調査を行ってみたものの事業化を見送らざるを得ないと判断するケースがあります。

また、BOPビジネスには、財務的な困難さだけではなく、従業員として巻き込むBOP層の人材育成の問題、BOP層の需要喚起の困難さ、技術的な問題、法規制の問題など、さまざまなハードルが存在します。これらをどう乗り越えていくのか、そのための中長期的なコミットメントが必要と考えられます。

したがって、BOPビジネスを事業として成立させるためには、まず次の2点を考えることが重要だ思われます。
①自社のコア・ビジネス（本業）との関連性
②BOPビジネスの非財務的価値に対する評価

まず、1つ目の「本業との関連」については、BOPビジネスを会社の戦略の一部として位置づけ、BOPビジネスがいかに本体事業にメリットをもたらし、会社の経営に貢献するかがポイントになります。

たとえば、雪国まいたけはバングラデシュにおいてグラミン銀行と提携、BOP層が生産した緑豆を日本に輸入し、もやしを栽培するとともに、BOP層に緑豆を提供することで栄養改善も図るソーシャル・ビジネスをバングラデシュ国内で推進していました（2015年1月、ユーグレナ社に事業譲渡）。

雪国まいたけは緑豆のほとんどを中国から輸入していますが、そのコスト高から他にも輸入先を探した結果、バングラデシュが浮かび上がりました。生産コストを減らすことで本業にメリットをもたらし、自社の経営に貢献することで事業として推進することが可能となったのです。

このようにして、ビジネスの持続可能性を確保しつつ、バングラデシュの農民の所得向上と栄養状態の改善に役立つというWin - Winの関係を築き、ビジネスモデルとして成立させているのです。

また、東アフリカでBOP層に対するソーラーランタン事業の展開を計画しているパナソニックは、このビジネスをブランドネームの浸透を図るうえで有効だと判断し、事業展開に向けた取り組みを行っています。

ソーラーランタン事業は、単体では利益面などで収益性を確保することは難しいかもしれませんが、社会課題解決への取り組みとマーケティング上の便益を長期的な戦略の一部としてビジネス展開しているのです。

2つ目の「BOPビジネスの非財務的な価値」については、こんな事例があります。

たとえば、P&G社の『PUR』です。前述のように、浄水剤を小分けにして、BOP層に売っています。

多くの浄水剤がBOP層に対して販売され、BOP層に安全な水を提供した

例としてBOPビジネスの成功例として取り上げられていますが、財務的には必ずしも成功しているわけではありません。

P&G社は、この商品をマーケットに送り出すために、90年代から10年の月日と2000万ドルの資金をかけて、研究開発とマーケティングを行いました。そして、1袋当たり8セントから10セントという低価格で提供しました。

しかし、顧客のリターン率は5％、10％といった限定的な数字しか達成できず、採算性が低いとして商業ベースで売ることを断念したのです。

一方で2004年、同社はこの事業をCSRベースのプロジェクトに切り替え、NGOや国際援助機関などと連携し、安全な水の重要性を示しながら商品原価である4セントで売ることにしました。

その結果、2007年までに約600万個の浄水剤の小袋を売り、CSRプロジェクトとしては大きな成功を収めることとなりました。

また、仏・グラミンダノンは、2007年にバングラデシュのグラミン銀行と提携し、BOP層向けに安い価格で栄養価の高いヨーグルトを農村部の女性が販売するビジネスに1億円を投じました。

農村部の人々の栄養改善と収入改善に資するBOPビジネスでしたが、その滑り出しはよくありませんでした。2008年に原乳の価格が2倍に高騰したため、ヨーグルトの価格も値上げすると、売上は激減。農村部の女性を通じた販売も実績は芳しくなく、ビジネスとしては困難に直面しました。

当初からの目的から離れ、都市部でのマーケティングを集中的に行ったところ売上は上昇しましたが、農村部だけで取り出してみれば、ビジネスとして成功しているわけではありません。財務面だけで考えれば、断念してもおかしくない状況です。

しかしダノン社は、収益が上がらなくても「ビジネスのやり方を変える」という強い意志があり、そこに価値を見出したため、ビジネスを継続するとコミットしています。

味の素は、創業100周年記念事業としてソーシャルビジネスを立ち上げる目標を掲げ、ガーナでの栄養改善プロジェクトをスタートさせました。Nevin Scrimshaw International Nutrition Foundationとガーナ大学を主

なプロジェクトパートナーとして、『KOKO Plus』という栄養サプリメントを提供することにより、2017年までにおよそ20万人の生後6～24か月の離乳期の子どもたちの栄養改善を目指しています。

また、ガーナで原料を調達・加工することによって、農民を支援し、現地雇用を創出するとともに、現地の食品生産チェーンを確立することも狙っています。

さらに、およそ2000人の女性販売員を雇用することで、農村地域の女性たちに、所得を得る機会を創出することも期待されています。

この取り組みは、JICA（国際協力機構）、USAID（米国国際開発庁）、GAIN（Global Alliance for Improved Nutrition）、そして、NGOのCARE International、プラン・ジャパンなどとの戦略的な連携にもとづいて実現していることも特徴的です。

『ヤシノミ洗剤』で知られる化学メーカーのサラヤは、東アフリカのウガンダでユネスコの手洗い運動に参加することから始まり、現在、JICAのBOPビジネス支援制度も活用しながら、地産地消の消毒剤ビジネスを軌道に乗せようとしています。

併せて、東アフリカを対象に院内感染をなくすための「病院で手の消毒100％プロジェクト」として、アルコール手指消毒剤の現地生産、医療従事者への教育・普及活動を進めています。

また、同社はカンボジアで「ハッピー手洗いプロジェクト」として、カンボジアの手指衛生の改善にも取り組んでいます。

これらは、同社のミッションを踏まえて、社会貢献の視点とビジネスが密接に融合している事例といえます。

❷BOPビジネスの社会性をどう示すのか？

BOPビジネスを進めるうえで、その社会的な意義をいかに社内に浸透させ、投資判断につなげられるか、そして世間にその社会性を客観的に示すこともビジネスを推進するうえでの重要なポイントです。

近年、<u>ビジネスの社会性を客観的に計測・評価するための評価手法の開発が進んでいます</u>。

たとえば、Business Innovation Facilityでは、ビジネスがどのようにBOP層の生活そのものに影響を与えるのかを評価する方法やビジネスそのもののパフォーマンスを、財務面だけでなく社会面からも計測する手法を紹介しています。

また、評価する範囲も直接ビジネスそのものによって達成された「成果」（アウトプット）を測るものや、貧困層や経済に与えた影響（アウトカム、インパクト）を測るものなど、さまざまな形態があります。

現在、グローバルにBOPビジネスで最も多く使われているのは、米国のNGOであるGIIN（Global Inpact Investing Network）が開発した「IRIS」（アイリス）という指標です。

さまざまな企業、投資家が活用できる共通言語として、財務面のみならず社会面も含めて446の指標が用意されており、テンプレートとして使うことが可能です。

このほかにも、IFCのDOTS、英NGO・OxfamのPoverty FootprintやWBCSDなどさまざまな組織により評価手法が研究・開発されています。

さて、こうしたビジネスの社会性評価（計測）のメリットとしては、どのような点が挙げられるでしょうか。

第一に、**対象市場の理解や事業のリスクを特定する**ツールとして使うことができます。とくに、個別事業の社会性を特定し、それを評価していくことで、「事業がBOP層のどのような課題に光を当てようとしているのか？」「どうやってその問題を解決するのか？」「BOP層というセグメントを対象とすることによるビジネス上のリスクは何なのか？」といったビジネス設計段階の検討に役立てることができます。

BOPビジネスでは、BOP層を啓蒙し、バリューチェーンのなかの一員として育成していくことも重要ですが、ビジネスの社会性評価はそのための「シナリオづくり」にも使うことができます。

JICAでは、企業がビジネスモデルを構築しつつ、同時にBOP層に対してどのような影響を与えることができるのかという点を、段階を追って把握できるようなフレームワークをIRISなどを参照して作成し、BOPビジネスに

評価の種類

	貧困層の生計に対する評価	貧困フットプリントバリューチェーンマッピング	経済状況	モニタリング指標
目的	BOP層としてビジネスにより裨益するコミュニティに対するの評価	ビジネスが貧困や開発に与える影響を計測 インパクトの数値化 活動の優先づけ	地域経済に与える影響の計測	ビジネス社会・経済に与える主要な指標のモニタリング
強み	●貧困層に対する経済的・社会的なインパクトが評価できる ●末端の人々の視点を取り入れられる ●ビジネスがBOP層の課題に与える影響のプロセスの評価	●ビジネスの大きな絵に結びつけられる ●コアビジネスとバリューチェーンに対する評価が可能 ●BOP層の関心をビジネスに結びつけることが可能 ●時系列的変化の計測	●数値化したデータの提供 ●国家レベル，地域レベルでの経済とビジネスをリンク化 ●ビジネスのあらゆる局面との関係性	●時系列的な変化がわかりやすい ●ビジネス，社会，経済といった広い側面の指標を合わせられる ●集計化が容易 ●よりビジュアルに訴えるデータの作成が可能
弱み	●フィールドでの調査が必要 ●評価対象サイトが限られる ●集計化，ベンチマーク化が困難	●野望的 ●必要な情報が多い ●分析が大変	●プロセスとしての変化を説明できない ●どうやって変化をもたらすのかを示せない	●プロセスとしての変化を説明できない ●複雑なインパクトを説明できない
用途	●現場での意思決定 ●BOP層へのインパクトを示すための評価	●ビジネス戦略の形成 ●貧困解決とビジネスの結びつけのヒント ●面的思考のためのサポート	●ビジネスが与える大きなインパクトを理解し，それにより行動を特定化するためのツール	●社会的なミッションの達成度の説明 ●サプライチェーンや顧客の管理に必要な情報の収集 ●投資家への説明

出典：Rockefeller Foundation（2012）。

取り組む日本企業に試行的に提示して、活用しています。

ただし、あくまでもBOPビジネスに関心をもつ、あるいは取り組む企業において、JICAが念頭におく貧困層への開発効果がどのように整理できるか、共通言語を醸成しようとする試みの段階です。

第二のメリットとしては、ビジネスの社会性評価を行うことによって<u>社内外への説明責任を果たし、会社の社会的価値の向上に貢献できる</u>ということ

が挙げられます。

また、ビジネスの社会性評価を活用することで、事業に対する社内外の理解を得て、スムーズに事業化へつなげられるとも考えられます。

さらに、ビジネスの「プロセス」「成果」「インパクト」を可視化し、これをマーケティングに活用することで、事業のみならず、会社のブランディングにも役立てることができます。

第三のメリットとしては、**さまざまな機関や団体がビジネスの社会性を計測するようにすることで、新たな投資を呼び込める**可能性があることです。

JPモルガンの調査では、BOPビジネスに投資する投資家の96％が何らかの指標により社会性を計測していると答えています。ちなみに、その約半数が前出のIRISの手法を用いて評価を行っていると回答しています。

❸「組織の壁」をどう乗り越えるか？

BOPビジネスのような、企業にとって困難かつ新しいビジネスに取り組む場合、企業内の「組織の壁」にぶつかることも予想されます。会社としてBOPビジネスにコミットしたとしても、会社の組織的な課題も同時に解決していかなければ、BOPビジネスを実施することは難しくなります。

たとえば、デンマークで微生物資材を製造しているノボザイムズ社はCSR分野では世界的に評価されている企業ですが、BOPビジネスに取り組もうとした際、次ページに示したような組織の壁にぶつかったといわれています。

当初、同社はBOPビジネスを事業部の一事業として位置づけて実行に移そうとしましたが、BOPビジネスの考え方になじめない社員が多く、CSR部門も事業として実施することに理解を示さなかったため、実行に移すのに苦労しました。

そこで、ひとつの部門に事業部門のスタッフ、CSR部門のスタッフを集め、さらにBOPビジネスのための人材を新たに雇用し、専属の部門を設立しました。最初は事業部とCSR部門での意見の対立も生じましたが、事業に対する経験を深め、スタッフの間の対話を重ねることでBOPビジネスに対するマインドセットが形成されていきました。

企業内に立ちはだかる壁——ノボザイムズ社の例

組織の壁	内容
BOPビジネスに対するマインドセット	BOPビジネスはWin-Winを目指すビジネスである一方、社員は社会性を追求すれば収益が落ちる、というトレードオフのマインドセットしかもてない。
会社の「慣行」を大きく変えることに対する抵抗	BOPビジネスを実施するには、戦略形成やオペレーション、パートナーとの協働などで通常とは違う行動が求められる。通常のビジネスオペレーションから外れ、新しいことを取り入れることに対する抵抗が生じる。
プロジェクトに対する社内評価	NPV, ROI, IRRといった通常の財務指標でBOPビジネスを評価することは困難。従来の財務指標でBOPビジネスを評価しても数字はおのずと低くなる。またリスクの大きさも事業採択において問題となる。
人事評価・インセンティブ	BOPビジネスを取り組むことで得られる人事的なインセンティブがないと、社員はなかなかBOPビジネスに取り組みたがらない。また、人事評価が財務面など定量的な成果指標による場合、BOPビジネスはこれらの成果を達成することができないため、社員としてインセンティブが上がらない。

出典：Olsen & Boxenbaum（2009）をもとに作成。

　日本企業でも、BOPビジネスに対する抵抗感や情報不足があることは容易に想像できます。したがって、企業としてBOPビジネスにコミットすると同時に、組織内でどのように取り組んでいくのかを検討し、さらにBOPビジネスに対する投資判断が行える社内のシステムを構築していくことが必要になるでしょう。

▶現地のニーズや「ウォンツ」に合ったビジネスモデル

　BOPビジネスを行ううえで、企業のなかでの戦略的な位置づけや会社としてのコミットメントと並んで重要なのは、いかに現地のBOP層のニーズを汲み取りながら、ビジネスを立ち上げることができるかということです。
　また、企業としてどのようなイノベーションを起こすことができるのかという点も大切です。
　BOPビジネスで成功するケースでは、バリューチェーンや製品・サービ

スの設計において、何らかのイノベーションがあります。

❶「ニーズ」と「ウォンツ（Wants）」のギャップを理解する

　顧客のニーズを把握し、ビジネスを組み立てるのは通常のビジネスでも行われており、とくに目新しいことではありません。

　ただし、BOPビジネスでは、客観的に想定されるようなデータから導き出されるニーズを把握しただけでは必ずしも成功しません。顧客が真に何をほしがっているのか、どういうものであれば受容されるのかという「ウォンツ（Wants）」を的確につかむことが大切です。

　米・モニターグループは、インドを中心に100社を超える企業を調査した結果、ニーズだけを頼りにBOP市場に参入する企業の多くは失敗すると指摘しています。BOP層の多くは、その商品が**自分にとって何かの役に立つからという客観的な判断よりも、自分の「憧れ」をもとに購買する傾向**があり、その製品やサービスが真に価値があるものと判断しない限りは購買しないというのです。

　したがって、生活や生計の向上に資する製品でも、ウォンツにつながらなければ、受け入れてもらえない可能性があります。

　たとえば、次のようなものは、ニーズとウォンツのギャップがあるケースといえます。

・**乳幼児向け栄養強化食品**……栄養強化食品により摂取する栄養が改善しても、その効果は短期的にはわからないため、どのような効果があるのか理解が得られにくい

・**教育**……教育を受けることによって、将来的には就業機会の獲得と所得の向上につながることが期待されるが、その効果はすぐにはわからない

　一方で、たとえば急性の病状に対する治療法や水不足に苦しんでいる地域における水の供給などは、その効果を体感できるため、BOP層のニーズもウォンツもともに高いということができます。

❷ビジネスモデルには柔軟性が不可欠

　このようにニーズとウォンツのギャップが生じ得ることを念頭に置き、消

費者やビジネスパートナーとしてのBOP層に対する啓蒙や育成が重要になることとともに、ビジネスモデルの構築では柔軟に対応できるようにしておくことが重要です。

また、BOP層のニーズ・ウォンツの問題に加え、現地の状況によってさまざまな技術的問題が持ち上がることも少なくありません。

そんなとき、「シーズ先行」でビジネスを進めれば進めるほど、ビジネスとして成立しにくくなるでしょう。

日本企業によるBOPビジネスの取り組みでも、文献を調査すると、BOP層の社会的・経済的状態から「こんな商品ならニーズがあるだろう」と判断してビジネスモデルの構築を検討したものの、期待したような需要が見込まれなかったという例も見い出されます。

次ページの表に示したのは、JICAによるBOPビジネス支援の経験のなかで、当初想定していたビジネスモデルがそのまま適用できなかった例です。仮説としてのビジネス構想も、実際に現地に行くと想定どおりにいかないことは大いにあり得るのです。

その他、現地に類似品が多く出回っており、コスト競争を強いられるため、事業化の見通しが立ちにくい、法規制によってビジネスが成り立たない、など、さまざまな潜在的な課題が待ち受けています。

そのなかでも、とりわけ大きな障壁となるのが価格の問題です。これは、日本企業に限らず、世界中のBOPビジネスに取り組む企業が抱える悩みです。

日本企業は品質では競争力があり、かつ日本製品に対して信頼をもつBOP層も多いのですが、価格とコストがネックとなって事業化に至らない企業が数多く存在します。

たとえば、ある国で浄水剤を販売しようとした企業は、安全な水が手に入らないBOP層をターゲットとしていましたが、市場調査の結果、当初の想定価格よりも相当安くしないと売れる見込みがないとわかり、BOP層に対してのみ販売するビジネスモデルを修正せざるを得なくなりました。

また、BOP層の女性の自営業者にイノベーティブな製品を販売させ、彼女たちの収入向上に貢献しようとした企業も、マーケティングコストがかさむ反面、思ったよりBOP層の購買頻度が少ないことが判明し、当初のビジ

ビジネスモデルの変更が必要となった例

ビジネスモデル	直面した問題
浄水剤ビジネス	BOP層には，採算性の合う価格ではなかなか受け入れられなかった。当初取水を予定していた水源の水質が想定よりも悪く，水源を含めた根本的なサプライチェーンの変更が必要となった。
電気を使った浄水システム	現地での停電時間が想定よりも長く，浄水できない時間が長いことがわかった。そのためバッテリーを用いた浄水方式を計画するが，コストの問題に直面した。
食品	当初は日本で想定していた栄養食品を現地に導入することを企画。一方で，現地でテストマーケティングを行ったところ，食生活が保守的であり，日本で想定していた形で導入することができなかった。そのため，栄養強化という視点は確保しつつも，別の形の食品での販売を模索した。
食品	原料を現地で調達することを予定していたが，品質が一定でないため，一部を輸入に切り替えた。
医療機器	BOP層に直接販売することを想定していたが，値段が高く需要がないことがわかったため，病院などへのリースモデルに切り替え。

出典：JICA協力準備調査（BOPビジネス連携促進）報告書をもとに筆者作成。

ネスモデルを修正せざるを得なくなりました。

　この他にも、投資額に対して売上が十分に確保できない、損益分岐に至るまでに必要な販売数を確保できる見通しが立たないなど、コストや期待収益の面の問題から、ビジネスモデルの修正を求められた例は少なくありません。

　BOP層が商品を購入するかどうかは、「手に入れられる価格水準」であることが重要であり、中長期的にメリットがあるものでも、手に入れられなければ意味がない——。これは、ポール・ポラックがアフリカでの自らの経験をもとに指摘したことです。

　同氏はソマリアにおいて、ロバが引く荷車のタイヤのパンク修理のために、安価な中国製と耐久性の高いイギリス製のラグレンチを農村に持ち込んだものの、BOP層には中国製しか売れなかったと告白しています。いかにイギリス製のほうが品質がよくても、手の届く値段でなければ売れることはないのです。

　日本の企業からは、「品質では競争に勝てる」という言葉をよく耳にしますが、

BOPビジネスを対象とする場合には、まずBOP層が手の届く値段をつけることができるのか、そして、そのためにどのようなビジネスモデルを構築すべきかを十分検討する必要があります。
　BOPビジネスに参入するには、自社の想定するビジネスを「技術」「価格」「バリューチェーン」といったさまざまな側面で柔軟に修正し、状況に応じた最適なビジネスモデルの構築に邁進しなければなりません。
　そして、そうした困難なプロセスを通じて事業化を実現しようとする事業推進体制やコミットメントをあらかじめ確認することが大切です。

　164～165ページの表は、BOPビジネスにおいて、どういった側面で柔軟性が求められ、どのような解決法があり得るのかを示したものです。
　生産者の問題やサプライチェーン問題、購買力の問題などBOPビジネスが抱える問題は多岐にわたりますが、そうした問題をイノベーティブな方法を用いて乗り越えていくことが、BOPビジネスには求められています。
　JICAが支援した例でも、柔軟な発想で事業のバリューチェーンのあらゆる面で工夫をして事業化に成功している例があります。その一部を紹介しましょう（JICA協力準備調査：BOPビジネス連携推進報告書より）。

① 「ニーズと商品スペックの合致」がボトルネックになっていたケース
　ソーラーランタンを製造・販売する予定のパナソニックは、機能を絞り込むことで低価格化を実現するとともに、調査のなかで明らかになった「携帯電話の充電機能」というBOP層が求める機能を追加することで、彼らのニーズを満たすことに成功しました。

② 「BOP向け流通網の構築」がボトルネックになっていたケース
　マラリアネットを製造・販売する住友化学は、商品プロモーションに訪問販売を利用するだけでなく、コミュニティ・教会の集会を利用し、試用販売を実施しました。

③ 「BOP消費者向け価格設定」がボトルネックになっていたケース
　パナソニックは、電池、ランタン、高級商品という提案企業全体の事業が同国で根づくための全体戦略の一部として同事業を位置づけることで、BOP向け商品・サービスを低価格に抑えつつも、事業全体の採算性を確保するこ

とを試みています。

　この他、先述のサラヤは、ウガンダにおいて手指の消毒剤を生産する際、現地の製糖会社がさとうきびから製糖する際に排出される排蜜を活用することで、コストの削減に成功しています。
　また、脳性麻痺患者のための足こぎ車いすを製造するTESSは、ベトナムのBOP層を対象にした販売事業の展開を進めています。ただし、車いすはBOP層にとっては高価であるため、まずは病院向けのレンタル販売モデルを投入することで今後の販路の拡大を狙っています。

　事業検討の初期段階から、現地に根ざして、今まで活用されていなかった技術やアイデアを紹介・活用し、現地住民の生活に変革をもたらすようなBOPビジネスに取り組む事例もあります。
　バングラデシュで雨水タンクの製造・販売事業を展開する天水研究所は、現地にてSkywater Bangladesh社を設立し、この製品を導入するために製造工場の設置と技術移転を通じて新たな就業機会を提供するとともに、現金販売や割賦販売の手法を活用してBOP層の一般家庭でも購入可能な価格帯を実現しました。従来、地下水や表流水に依存している飲料水供給事業とは一線を画す新しいビジネスモデルを提供しているのです。

　BOPビジネスに特徴的な「収益性」の低さを、他の市場セグメントの売り上げにより収益を補完することでビジネスを成り立たせる、いわゆるホールピラミッド型アプローチも有効といわれています。
　先述の仏・グラミンダノンも、本来の目的である農村部での販売に加え、都市部での販売を強化することで、事業全体の収益性の改善を図っています。
　先述の天水研究所も、一般家庭向け製品単体では赤字ですが、公共施設などへ設置する高付加価値コンクリートタンク事業と組み合わせることで、初年度から赤字は避けられる見込みです。
　将来的な事業展開にあたっては、人材育成と「のれん分け」システムを用いて、品質の維持管理に努めつつ、より広域への普及を図っていくとしてい

BOPビジネスの事業上のボトルネックと解決方法

分類		ボトルネック	解決方法
リソース	ヒト	従業員の質の向上	従業員に対するトレーニング／キャパシティビルディング
	モノ	ニーズと商品スペックの合致	技術ありきでなく，現地の状況に沿った商品開発
	カネ	ファイナンスへのアクセス	ペイシェントキャピタル
			マイクロリース
			現物支給の運転資本貸付
			所有権移転リース
			リース・ファイナンス
			信用保証
			サプライヤー・ファイナンス
			ウェアハウス・ファイナンス
			トレード・ファイナンス
バリューチェーン	生産・調達	BoP層の生産者への巻き込み・安定調達	生産者との直接契約の締結
			最低購買量の保証
			価格取引システムの透明化
			買い取り価格の見直し（競合作物の価格比較）
			生産者組合の組成
	加工・製造	良質で安価な商品の加工・製造	安価な現地労働者の確保とトレーニング
			既存の企業とのOEM契約締結
			プロセスの簡素化
			現地に適用するテクノロジーの移転
			現地で調達できる材料の活用
	流通・販売	BoPビジネス向け流通網の構築	流通網の共有
			ハブアンドスポーク
			学校・病院・教会など，ハブとなる組織の利用
			利用者組合の組成・利用
			ミニフランチャイズ
			地域密着型代理店・仲介者
			非公式チャンネル
			農村部のハードインフラ整備
		BoP向け製品開発	小分け・量り売り
			モジュール式
			共有アクセス

BOPビジネスの事業上のボトルネックと解決方法（続き）

分類		ボトルネック	解決方法
バリューチェーン	流通・販売	BoP向け製品開発	実施本位の商品とサービス
			プロセスの単純化
		BoP消費者向け価格設定	プリペイド
			分割・不定期払い
			レンタル
			政府からの補助金
			ホールピラミッドアプローチ，段階的価格設定
		BoP向けプロモーション	上昇志向型マーケティング
			試用販売
			トレーニングとの抱き合わせ
			NGOとの連携
			コミュニティネットワーク
		BoP向けファイナンスへのアクセス	マイクロリース
			キャッシュローン
			現物支給の運転資本貸付
			所有権移転リース
			リース・ファイナンス
			信用保証
			サプライヤー・ファイナンス
			ウェアハウス・ファイナンス
			トレード・ファイナンス

出典：JICA（2013）。

ます。

　柔軟かつ現実的な発想でビジネスモデルを検討することで、ホールピラミッド型アプローチにたどり着いた事例といえるでしょう。

❸どのようにビジネスモデルをつくっていくのか？

　では、どのようにビジネスモデルを構築すればよいのでしょうか。
　通常のビジネスであれば、市場調査を行い周囲の状況を判断し、自社の製品・サービスの比較優位を見ながらコスト・リーダーシップ、差別化といった戦略を立てる……といった方法が一般的でしょう。

一方、BOPビジネスにおいて、ビジネス戦略の立て方に王道はありません。

BOPビジネスの研究も全世界的に広がってきてはいるものの、その多くはビジネスの成功例、失敗例を取り上げ、そこから経験と教訓を導き出すというところでとどまっています。今、まさにBOPビジネスの戦略形成モデルについて、議論が交わされているところなのです。

ただ、理論としては発展途上ではあるものの、BOPビジネスにおける成功例に共通することがあります。

それは、BOP層のニーズ・ウォンツを正確に汲み取り、原材料調達、生産、製造、流通といったバリューチェーンのなかでイノベーションを起こし、新たな市場をつくり出す——Market Creation——という点です。

ビジネスモデルを構築するためのひとつのアプローチとして、ホィットニーが提唱している「**戦略的デザイン法**」があります（次ページ図参照）。

この方法は、現状を把握したうえで、ユーザーに求められているのは何かを再整理し、そのなかから戦略をつくり出していくというものです。

たとえば、アップルがiPodを商品化し、iTunesで楽曲を提供することで、新たな音楽市場を創り出したのも、この方法によるといわれています。

BOPビジネスでも、インドのBOP層向けの冷蔵庫で成功している『チョットクール』は、この方法に則ってビジネスをつくり上げ、成功しています。

チョットクールの例では、印・ゴドレジ社がBOP層の冷蔵庫のニーズを把握するために、コミュニティに入り込み、実際の生活を観察しながら、どのような冷蔵庫が求められているのかを把握し、彼らのニーズをもとにまったく新しい形の冷蔵庫をつくり出しています。

また、流通チャンネルにおいてもBOP層の女性を取り込み、マーケティングの方法にも革新を起こしています。

戦略デザイン法の手順に沿って整理すると、次のようになります。

①**現状の把握**……ゴドレジ社は、BOP層に対する安価な冷蔵庫販売の可能性に着目する

②**問題を再定義する**……実際に顧客のところに赴き、どのようにすればBOP層が経済的に成長できるのか、BOP層とともに考察する

③**選択肢を作り出す**……ゴドレジ社はBOP層とともに流通チャンネル（バ

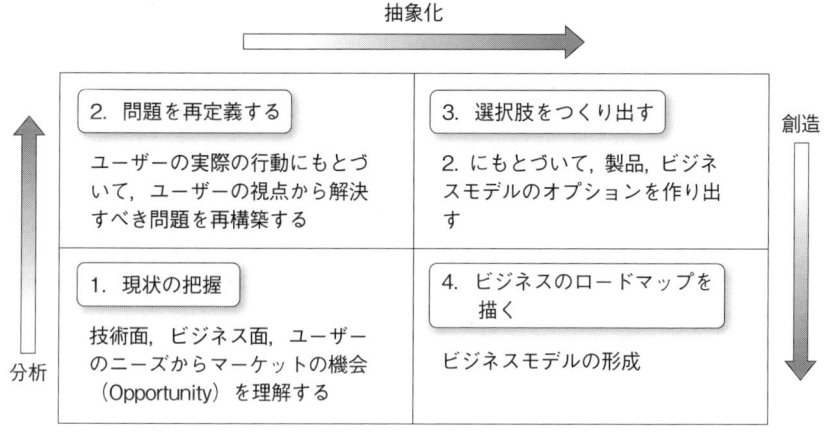

戦略的デザイン法

抽象化 →

2. 問題を再定義する ユーザーの実際の行動にもとづいて、ユーザーの視点から解決すべき問題を再構築する	3. 選択肢をつくり出す 2. にもとづいて，製品、ビジネスモデルのオプションを作り出す
1. 現状の把握 技術面、ビジネス面、ユーザーのニーズからマーケットの機会（Opportunity）を理解する	4. ビジネスのロードマップを描く ビジネスモデルの形成

↑ 分析　　創造 ↓

出典：Whitney（2011）。

スを使うなど）や女性を流通に組み入れるなどのアイデアを考える

④ビジネスのロードマップを描く……『チョットクール』の販売開始

　また、別のビジネスモデルの組み立て方として、米・レッドランズ大学のゴロカタらは「**2ステップアプローチ**」を提唱しています。

　このアプローチでは、最初からBOPビジネスの特徴であるパートナーシップの形成や、BOP層のニーズに従った付加価値を作り出すという作業の前に、まずBOP層が求めているコアな価値は何なのかを特定したうえで「バリューチェーンにどのようなイノベーションを起こせるのか？」「コストをいかに切り詰められるのか？」を検討します。つまり、ビジネスとしての「体力」を見極めてから、モデルをつくっていくというものです。

　BOP層のニーズや支払能力にもとづいてビジネスを形成していくと、大胆なコストカットが求められることがよくあります。そして、このコスト削減の問題がビジネスを検討するうえでのキラーファクターになることもしばしばです。

　この際に、コストを切り詰められる「のりしろ」がどれだけあるのか、まず確認しておくことが、早期にビジネスの実現性を判断するためには重要です。

　ただし、このアプローチでも、最初にコスト面にかかる戦略を立てること

を強調する一方で、ビジネスとしての真の成功を収めるには、BOP層のニーズやウォンツにもとづいて付加価値を考え、与えていくことが重要だと説いています。

また、メキシコのCEMEX社は、小分けセメントをBOP市場に向けて販売したものの、単にコストを切り詰めて価格を下げただけでは売れず、そこにBOP層のための住宅建設という「付加価値」をつけることで成功しています。

JICAが支援した案件のなかでも、BOP層向けにマーケティングテストをしたところ、貧困層になればなるほど売れたという事例もあります。価格だけでなく、BOP層にとっての付加価値とは何かを考える必要があることを示唆していると思われます。

❹どのセグメントにアプローチするのか？

BOP層は、一般的に年間収入が3000ドル以下と一括りにされていますが、同じ3000ドル以下でも、所得や個人的な能力、生活の環境などさまざまなセグメントが存在します。そのため、実際にビジネスがどのセグメントを狙ったものなのか、あらかじめ戦略を立てておくことが必要です。

ハーバード大学のランガンらは、ビジネスのターゲットを決める際、それぞれのセグメントに応じて戦略のとり方を分けるべきであると提唱しています。

今後、新中間層となりうる「低所得者層」は主に企業の製品、サービスを販売する先の消費者として捉えるだけでなく、生産者として企業のバリューチェーンに巻き込む場合もあります。その際は、所得に対する貪欲さや所得が与える社会的影響という点で「その日ぐらし層」も取り込んでいくことが有益としています。

また、BOPビジネスの「BOP層の開発課題の解決への貢献」という面を重視し、最貧困層を主たる対象とするビジネスもあります。

しかしこの場合、そもそも消費者として購買力の欠如、アクセスの欠如、消費者教育の欠如といった問題を抱えているうえ、生産者としても基礎的スキルが期待できないため、真のビジネスの対象として捉えることは困難を極めます。

その代わりに、本来であれば政府が提供する社会的サービスの代替的プロ

BOP層のセグメント別特徴

	1日当たり収入・人口	特徴	バリューチェーン内の位置づけ	企業としてとるべき戦略
低所得層	3ドル〜5ドル 14億人	・中等教育を経験、職業スキルも有する ・商業、ドライバー、政府機関の現業職員 ・中間層と職住が近接 ・自転車、テレビ、携帯電話などの消費財を所有 ・より高い学歴、給与のよい職を追い求める傾向 ・社会サービス、金融アクセスがない ・子供はよりよい暮らしをする可能性	◎消費者 ○生産者 可処分所得があり、消費層として有望。生産者としても可能性がある。	・流通網や製品、サービスにイノベーションを起こすことにより、大規模なマーケットを獲得。
その日暮らし層	1ドル〜3ドル 16億人	・学歴、職業レベルともに低い ・職場ではヘルパー、助手的役割 ・食糧は買えるが、栄養は足りていない ・インフォーマル市場で取引 ・社会サービス、金融アクセスなし ・インフォーマルな金融を利用 ・仲買人に対して弱い立場 ・生活改善に向けた意欲は強い	△消費者 ◎生産者 この層の人々の目的は所得の改善であり、所得の向上に貪欲。また、所得が改善することで消費力が上がり、長期的には消費者層に成長。	・そもそも商品やその使用法に対する知識を有していないため、BOP層とのマーケットの共創、新たな需要を喚起するビジネスが適切。 ・よりコミュニティに根ざしたビジネスの設計。
極貧層	1ドル以下 10億人	・基礎的な消費財、食料、安全な水、住居に不足している ・インフォーマル市場へのアクセスすら不安定、物々交換も ・水などのアクセスのために長距離歩く必要がある ・消費者、生産者などとしてもインフォーマル市場に参加できない ・運がよければ援助の恩恵に与れる	社会サービスの受益者 極貧層はあらゆるものに対するアクセスに限りがあり、企業は政府の代わりとして彼らの基礎的な社会サービスのアクセス改善のために貢献できる。	・官民連携やNGOとの連携によるビジネスの実施（政府の代替としての活動） 生産者、消費者のいずれにしても、企業にとってビジネスの対象として組み入れるには莫大な投資が必要。そのためビジネスとしてなかなか成り立ち得ない。ただし、貧困問題に企業が取り組むことにより、企業の社会性向上には貢献する。

出典：Rangan et al（2011）より筆者作成。

バイダーとして、政府との連携のもとで参入したり、NGOと協働したりして企業の社会性を追求するというアプローチがあり得ます。

▶ 適切な事業パートナーとのマッチング

　前項で述べたとおり、BOPビジネスを成功させるには、BOP層のニーズやウォンツを把握し、彼らをビジネスのバリューチェーンに効果的に取り込むことが必要ですが、そのためにも、現地の企業や起業家、NGOなどをパートナーとして事業を組むことが重要になってきます。

　通常のビジネスであれば、現地法人の設立、現地企業との提携、買収、合弁などにより、現地のマーケットに参入するというやり方が普通です。

　一方、BOPビジネスであれば、BOP層のニーズにあった製品の開発、イノベーティブなビジネスモデルの設計が必要になってくるため、現地の民間企業だけでなく、よりBOP層に近いパートナーを見つける必要があります。

　また、BOPビジネスの特徴として、ビジネスモデルを組成するためのコストが高いという点が挙げられます。

　アクセスしづらいBOP市場で、情報の得にくいBOP層のニーズやウォンツを把握することは容易ではありません。

　さらにBOP層に対する適切な啓蒙活動や技術指導も、マーケットを広げるためには非常に重要な活動ですが、こういった活動を行うのにも追加的なコストがかかります。

　販売の面でも、消費者を辛抱強く、基本から啓蒙する必要があるし、1店舗当たりの販売数も大きくはないため、幅広い販売網の構築が必要です。

　こういったコストをできる限り節減し、計画しているBOPビジネスの事業性を確保するためにも、適切なパートナーの選定が極めて重要になってくるといえるでしょう。

　さらに、パートナーのアイディアを集めることにより、イノベーションが生まれる可能性があることも、パートナーリングの利点のひとつといえます。

　現地のニーズやウォンツを汲み取り、BOP層にとって付加価値の高いビジネスモデルを構築するうえで、現地のニーズなど草の根の情報、BOP層

との信頼関係にもとづく付加価値の共創、ビジネス組成に向けたアイデアの提供など、現地のパートナーが強みとしてもっている専門的知見、技術、手法を活用することで、付加価値の高い、イノベーティブなビジネスモデルを構築する体制が強化されるといえるでしょう。

BOPビジネスにおいて、パートナーになり得る存在として、次のようなアクターが存在するといえます。

①政府（自治体）、公的機関
②援助機関
③NGO
④現地企業・起業家
⑤現地政府・関係機関
⑥研究機関・大学
⑦投資家（金融機関、財団、資産家）

各パートナーには各々の強み・弱みがあります。これらを念頭に置きつつ、主体となる企業の事業検討段階に応じて検討することで、より適切なパートナーシップを築くことができるようになるでしょう。

ここからは主なパートナーについて、どのようなマッチングが可能か見ていきましょう。

❶援助機関

企業がBOPビジネスを推進していくうえで、強力なサポーターとなり得るのが援助機関です。JICA、JETROなどの日本の政府機関やUNDPなどの国際機関は、資金面のみならず、援助に関係するネットワーク、BOP層の属性といったさまざまな情報、援助をしていくなかでの経験など、いろいろな面からサポートが可能です。

また、情報やネットワークに加え、有力な武器となるのが援助機関のもつ信頼性と、政府機関に対してネットワークを有していることです。

BOP層は市場の情報を十分もっていないことも多く、単に企業の商品をBOP層にもっていっても簡単には信頼されないかもしれません。

このような場面で、援助機関と連携していることを前面に出すことで、

BOP層に対する信頼を勝ち得やすくなります。

　また、援助機関と連携していることをPRすることで、企業の社会価値を向上させることも可能となります。

　加えて、援助プロジェクトのソフト・ハード両方の「インフラ」を使うことも可能です。JICAをはじめ、援助機関は保健、教育、農村開発、インフラ開発、あるいは投資環境整備への技術支援といった幅広い分野でこれまでさまざまなプロジェクトを展開しています。

　とくに、製品そのものの普及活動や、品質保証といったお墨付きなど、企業にとってコストとなる部分を援助機関がもつインフラや経験を活用することで、効率的に行うことが可能です。

　たとえば、保健医療関係の商品をODA事業で建設された病院で使う、学校教材をODA事業で援助した学校で使うなど、さまざまな活用のしかたがあり得ます。

　JICAで支援している調査制度も、JICAが実施中、ないしはこれから実施する見込みのODA事業とBOPビジネスが接点をもち、連携することで、現地BOP層の抱える開発課題の解決に向けた相乗効果が発揮されることを期待し、ビジネス・日本のODA・BOP層にとってWin-Win-Winの環境を生み出すことを目的としています。

　これまでJICAが支援したBOPビジネスの例に、青年海外協力隊が活動する病院のなかで保健医療関係の商品を配布したり、ビジネスのスタートラインとして病院職員の認知度を知るための認知度調査、使用法のトレーニングを行ったものなどがあります。

　また、アジアの例ではないものの、国際金融公社（IFC）はアフリカにおいて「ライティングアフリカ」というプログラムを行っています。

　このプログラムにおいてIFCは、企業の商品の品質保証を行っているほか、市場を開発するための調査に対する情報支援、消費者に対する教育や展示会の開発を行っています。

　BOPビジネスやインパクト投資を支援している援助機関は、いかにBOPビジネスを実現しやすいビジネス環境（エコシステム）をつくり出すかという点に注目しており、今後、同様に援助機関が得意とするビジネス環境の形

JICA事業との連携事例

事業名	ウガンダ「新式アルコール消毒剤による感染症予防事業」
企業名	サラヤ
連携事業	ボランティア事業
連携内容	青年海外協力隊員の派遣先となっている保健省管轄病院を対象に同社の消毒剤を活用した病院での普及・啓蒙活動を実施し，隊員活動と連携

事業名	ガーナ「離乳期栄養強化食品事業」
企業名	味の素
連携事業	地域別研修
連携内容	地域別研修「アフリカ地域女性指導者のための健康と栄養改善」の一環として，味の素川崎向上訪問および味の素ガーナ事業（栄養改善の取り組み）への理解促進を目的とした講義を実施

事業名	ナイジェリア「自動車リサイクルバリューチェーンの構築事業」
企業名	会宝産業
連携事業	国別研修
連携内容	自動車リサイクル管理研修として，会宝産業が研修生を受け入れ

事業名	バングラデシュ「雨水タンク事業」
企業名	天水研究所
連携事業	円借款
連携内容	円借款事業「中核都市包括的行政強化事業」で，雨水タンクを活用・設置する予定

事業名	ベトナム「足こぎ車いす事業」
企業名	TESS
連携事業	草の根技術協力
連携内容	BOPFS調査結果を踏まえて，草の根技術協力（地域経済活性化特別枠）「ベトナムでの足こぎ車いすを利用したリハビリモデル開発及びリハビリ人材育成プロジェクト」を採択・実施中

出典：「2013年度第3回BOPビジネス支援センター運営協議会」JICA発表資料をもとに筆者作成。

成（法規制の改善、消費者教育）や譲許的資金の提供など、いっそうこのような支援が推進されていくでしょう。

　一方で、援助機関と連携するうえで留意すべき点もあります。

　JICAを含め、援助機関が民間ビジネスと連携するときの狙いは「開発課題の解決」の加速化にあり、開発援助の延長線上での接点として捉えています。

第4章▶BOPビジネスでアジア市場を開拓する　173

援助機関は単にビジネスを支援するだけではなく、「いかにビジネスがBOP層の開発課題の解決に貢献するのか？」「どれだけビジネスが発展・拡大することでより多くのBOP層にインパクト（開発効果）を与えることができるのか？」「従来の開発援助手法では達成できなかった効果が期待できるか？」といった点に注目しています。

言い換えれば、BOP層の抱える開発課題を解決するプロセスにおいて、援助機関と民間ビジネスがいかに相互補完し、シナジー効果を生み出せるかが重要なのです。

❷ NGO

NGOも援助機関と同様、BOP層へのアクセスという点では有利な点をもっています。NGOは、公的な援助機関が主に政府機関を援助の対象とするのとは対照的に、よりコミュニティに根ざした活動を行っています。

そのため、公的援助機関もコミュニティに向けた援助を展開する場合、活動のアクターとしてNGOと連携する場合も多いのです。

このコミュニティに根ざした活動、そこから得られるBOP層からの信頼、そしてBOP層に対する豊富な知識をビジネスに活用することで、さまざまなメリットが得られます。

NGOとの連携の例として、先述の味の素はガーナにおいてBOPビジネスを計画するうえで、さまざまなNGOと連携し、それぞれのNGOの強みを活かしながらビジネスを推進しています。

村落レベルでの商品のデリバリ網の構築においては、国際NGOであるCAREのプロジェクトで培ったネットワークを活用し、普通では物流インフラの不備などによりなかなか入り込めない地域にアクセスしています。

乳幼児の栄養の問題に取り組む、世界的な団体であるGAINは、彼らのもっている民間企業との連携事例をもとにビジネスモデル構築に向けたノウハウを提供しています。

また、商品のテストという面では、プラン・ジャパンが活動エリアを提供し、BOP層に根ざした商品開発を可能にしています。

BOP層にアクセスする上でNGOとの連携は非常に有益である一方、留意しなくてはいけない点もあります。

まず、企業の活動がNGOの理念、活動方針と共鳴するかという点を考えなくてはなりません。

多くのNGOは、その団体自身が何を遂げたいのかという確固たる「理念」「ミッション」のもとに設立されています。

企業とNGOが連携をするために大前提となるのが、そのパートナーシップが企業とNGO双方にどのようなメリットをもたらすのかを理解することです。

NGO活動の限界として認識しておく必要があるのは、一般にNGOの活動は現地に根ざした活動をしている反面、組織的に地域や国レベルに活動を拡大していくには限界があり得るという点です。

もちろん、資金力のある国際NGOであればそれも可能ですが、資金力、スタッフ数などNGOによって大きな差があるのも事実です。企業とNGOとの連携においては、双方が何を期待するのか、その点についてお互いに賛同できるか、という点からパートナリングを模索する必要があるでしょう。

代表的な国際協力NGO団体であるJANICによれば、NGOとの連携の際の留意点には、次のような点があります。

①目的を共有すること

まず、連携の目的が何であるかを双方が理解し、確認しておくことが必要です。

②お互いを理解すること

連携相手の特性を十分に理解し、価値観を尊重することは、よりよい関係構築の第一歩。異なる組織形態や文化をもつ企業とNGOが、互いの違いを認めたうえで共感できる目的や課題を共有し、信頼関係を築いていくことが重要です。

③正直であること

連携の実施にあたり、双方に想定されるリスクなどのマイナスの情報を事前に共有し、問題を予防することも重要でしょう。また、万が一問題が発生したときも、このような姿勢があることで問題を円滑に解決しやすくなります。

❸現地政府機関

　現地政府機関との連携で有利となる点としては、現地政府が調達・買い入れを行うことにより、採算性を確保するために必要な事業のスケールを達成できること、また政府の事業で使われることによって、製品の普及が促進されることなどが挙げられます。

　とくに、最貧困層をビジネスの対象とする場合や、たとえば水や保健医療など公共性が高い一方で採算性を確保するのが容易ではないセクターにおいては有効です。

　アジアのなかではまだ実例は少ないですが、たとえば中米のグアテマラは政府がBOPビジネスの推進に本腰をあげており、BOPビジネスを推進するための法制度を整備しています。

　また、現地政府の職員は政府の政策を実現するうえで、援助機関と協働した実績を重視する場合も多く、自国の推進する政策と援助機関の支援を受けた企業活動の方向性が一致すれば、政府として民間企業との連携を歓迎してくれる可能性もあります。

　先述した味の素の活動は、ガーナ保健省が離乳期栄養改善プログラムを推進するなかで味の素の製品を取り入れることが検討されており、政府の政策に組み込まれることが期待されます。

　また、ウガンダで手洗い推進と手指消毒剤のビジネスを推進しているサラヤは、ウガンダ保健省との関係を重視しており、2013年に行われた手洗いの推進にかかるシンポジウムをWHO（世界保健機構）と共同で開催するなど、政府と一体となった活動を行っています。

　一方で、政府との連携にはいろいろと難しい点もあります。

　たとえば、政府の手続きの遅さがあります。政府と口約束がとりつけられたとしても、許認可などが実行に移されるには時間がかかり、ビジネスの求めるスピードのようには進まないことがあり得ます。

❹現地企業・起業家

　現地企業や起業家とのパートナリングは、通常のビジネスでも行われてい

ることですが、BOPビジネスにおいて有効な点としては、現地の市場の情報を豊富にもっていることや、ビジネスのバリューチェーンで相互に補完関係を築けるという点にあります。

　また、ビジネスを進めるうえでは、事業登録など政府における手続きも必要となりますが、その際に企業によっては政府に有力なコネクションをもっており、この関係性を利用してビジネスを進めることも可能になります。

　JICAで支援した企業でも、現地企業との連携を効果的に行い、現地でのビジネスを推進している例が複数あります。

　バングラデシュで自転車に浄水器を搭載し、BOP層の従業員が自転車を漕ぐことできれいな水を製造・販売する事業を展開しようとしている日本ベーシックは、当初、表流水を水源とした事業を展開しようとしましたが、工場排水などにより水質が悪く、また深井戸も新規に設置することの許可が下りませんでした。

　しかし、現地企業をインタビューした際に1社が興味を示し、連携が成立し、それにより日本ベーシックは水源を確保することができたほか、初期投資を節約し、事業のリスクを下げることが可能となり、バングラデシュでの事業が実現可能となったのです。

　また、原材料調達・地産地消という観点では、サラヤがウガンダで地場の製糖工場と連携し、手指消毒剤の原材料を確保したケースが挙げられます。

　同社はアルコールの原料の調達先として、同地の製糖会社であるカキラシュガーと連携、同社の製糖過程で排出される廃糖蜜（製糖後の廃液）を同社から調達することで、安定的な原料を調達するとともにカキラシュガー社にとっても廃棄物を減らすことやBOPビジネスに貢献することで社会的な価値も高めるというWin-Winの関係を築き上げることに成功しています。

　このようにさまざまなアクターが存在する一方で、適切なマッチングを実行するのはなかなか難しいことです。

　まず、**現地で活動している日本大使館、JICA、JETROや国際機関、NGOなどに足を運んでみる**ことがひとつの方法です。そうすることで、それぞれの機関が行っている活動についての情報が得られるとともに、援助機

各パートナーとの連携の視点

アクター	連携の視点	留意点
政府（自治体）公的機関	●企業の海外展開やBOPビジネスを政策的に後押し ●投資，海外ビジネスに関する基礎情報をもつ	
援助機関	●政府に対する人脈 ●開発における様々な経験を共有可能 ●政府に対する政策提言，手続きにおけるサポート ●NGO，他の援助機関といったBOPに関連するネットワーク ●企業と組むことで，企業のレピュテーションが向上 ●BOP層からの信頼が獲得しやすい	●援助機関のBOPビジネスへの期待は「開発課題の解決への貢献」であり，援助機関やBOP層にとっての社会的なメリットが必要 ●ビジネスモデルに革新性が求められており，そのような革新性がなければ連携が成立しにくい ●援助機関の支援制度活用における企業間の競争が厳しい ●事業実施に向けたスピード感覚の違い ●用語の使い方の違いや組織文化の違いが連携を阻害する場合もある
NGO	●BOP層に密接に関係している ●とくにNGOが関係しているコミュニティにおけるBOP層に関しては豊富な情報を有している ●BOP層の社会・経済情報を手に入れる上での調査手法に精通 ●BOP層へのアクセスの向上 ●BOP層からの信頼の獲得 ●NGOが入り込んでいるコミュニティにおいては信頼が得やすい ●NGOにとっては，活動を拡大させるための資金の獲得につながる	●必ずしもビジネスに精通しているわけではない ●用語の使い方の違いや組織文化の違いが連携を阻害する場合もある ●政治色，宗教色のあるNGOもある ●NGOとして何らかのメリットが必要 ●地域限定型のNGOにおいては，ビジネスを拡大させるのが容易ではない ●利害の対立（社会的なメリット対財務的なメリット） ●平等な関係が成り立たない場合もある
現地企業・起業家	●現地の商慣行に精通 ●現地企業によっては，現地政府，財界などにコネクションをもっていることもある ●企業がもつバリューチェーンを活用することでバリューチェーンの構築が容易になる	●商慣行の違い ●メンタリティの違いにより、信頼関係の構築に時間を要すこともある ●必ずしもBOP層の情報をもっているわけではない ●利害の対立

各パートナーとの連携の視点（続き）

アクター	連携の視点	留意点
現地企業・起業家	●現地企業がもつ市場の情報と日本企業のもつ技術を組み合わせることでシナジー効果が生まれる	●途上国では契約に係る法制度が発達していないこともある ●現地人材のトレーニングの困難さ
現地政府機関	●政府の政策とビジネスの目指す方向が一致すれば，政府が奨励，購入するなどして商品を広めることが可能 ●補助金，政府の購入により，採算性が低いビジネスでも実施が可能に ●政府との連携による「お墨付き」効果が得られる	●官僚的な手続き ●手続きのスピードの遅さ ●ビジネスに対する理解不足 ●レントシーキング，汚職の存在
研究機関・大学	●技術を有している ●現地の調査という文脈でも活用が可能 ●現地大学であれば，現地の事情，人脈に精通している場合もある ●学生の活用（調査員など）	●必ずしも主体的にビジネスに関わるとは限らない（ただし最近は，大学発ベンチャー企業も増えつつある）
投資家	●資金力	●資金力はありながら，リスク要因もあり、BOPビジネスの資金ニーズに十分応えていない（ミッシング・ミドルの問題：後述）

出典：JICA協力準備調査（BOPビジネス連携促進）報告書をもとに筆者作成。

関と連携しているNGOなどの他のアクターについても情報を得られる可能性があります。

　JICAが支援した案件のなかでは、コンサルタントと連携して現地調査を行い、コンサルタントが現地にもつネットワークを通じて企業などとの連携が実現した例や、現地で類似するビジネスを行っている企業に聞き取りをするなかで連携が実現した例など、実際に足を使ってマッチングが実現したケースもあります。

　NGOとの連携については、先述の**国際協力NGOセンター（JANIC）が日本の国際協力NGOや国際NGOと連携する際の窓口**となります。

　JANICは、2008年よりNGOと企業の連携推進ネットワークを設置し、

NGOと企業との連携を推進しています。活動のひとつとしては、NGOダイレクトリーのなかに企業との連携にかかる検索機能を追加したり、NGOとの連携を希望する企業に対するコンサルテーションを行うことで、連携を推進しています（http://www.janic.org/directory/）。

なお、マッチングをする際の評価基準としては、企業・団体の財務能力、組織体制、組織の沿革といった項目に加え、その組織がどれだけBOP層とのネットワークをもっており、彼らの信頼を勝ち得ているかという視点が重要です。

たとえば、グラドルらは、ブラジルでBOP層向けに低コスト住宅を提供する事業を行っているCasa Melhor社のパートナーとしてコミュニティに対して住宅を販売している3つの団体の能力と財務的な成績について比較を行いました。すると、ローカルコミュニティとのネットワークや、政府機関やバリューチェーンのなかのステークホルダーと良好な関係を有している団体だけが財務的に成功し、他の団体はBOP層とのネットワークを十分にもっていないうえ、職員に対するトレーニングが欠如しているため職員の出入りが激しくローカルコミュニティから信頼されず、事業的にも失敗していました。

パートナーと組むことの一番大きな利点は、自社にないものをパートナーの能力によって補うという点ですが、バリューチェーンやコミュニティからいかに信頼されている組織・団体かという点は、非常に重要な選定基準となるでしょう。

▶ 資金確保をめぐる課題と解決策

大企業のように自己資金でビジネスを行える企業であれば、社内の投資基準を満たせばビジネスを開始できる場合も多いでしょうが、新規事業のために新たな資金を獲得しなければならないベンチャー企業や中小企業にとって、資金確保は大きな課題です。

また、大・中堅企業であっても、BOPビジネスの認知度が低い場合には、調査経費や事業予算を獲得することは容易ではないでしょう。

事業フェーズ別のパートナーの重要性

事業構想	事業計画	事業準備	事業拡大
事業の構想を立てるフェーズ	事業構想に対し、実際のテスト、モデルのファインチューンを行うフェーズ	事業を実施しつつ、今後の展開に向けて準備を行うフェーズ	事業をより広いBOP層に向けて拡大するフェーズ
●顧客のニーズの把握 ●顧客の設定 ●ビジネスモデルの設計 ●コア技術の特定	●マーケットでの実験 ●ビジネスモデルの仮説検証 ●ビジネスモデルの修正、商品・サービス・技術の見直し	●消費者の啓蒙 ●サプライチェーンの構築 ●事業拡大に向けた会社の資産の構築（人材、インフラ、組織体制など）	●別の市場への展開 ●人的・物的資本への投資 ●プロセス、システムの改善 ●規模の経済の追求 ●競争相手への対応

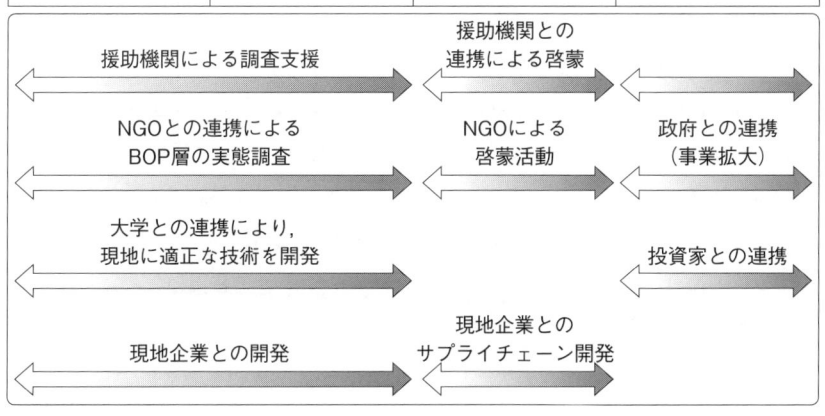

援助機関による調査支援　　　援助機関との連携による啓蒙

NGOとの連携によるBOP層の実態調査　　NGOによる啓蒙活動　　政府との連携（事業拡大）

大学との連携により、現地に適正な技術を開発　　　投資家との連携

現地企業との開発　　　現地企業とのサプライチェーン開発

出典：Koh et al. 2012をもとに作成。

❶資金確保は難しい！

　まず、BOPビジネスの資金調達に関して、世界的に指摘されているのが「ミッシング・ミドル」の問題です。

　途上国でのビジネスに対して投融資を行う金融機関の資金規模を見てみると、民間の投資家が投資する場合は、投資判断のためのデューデリジェンスやその他事業投資・運営のために必要なコストを鑑みると、10億円以上の規模が必要といわれています。

　たとえば、BOPビジネスに対して投融資を行っている国際金融公社（IFC）

のような国際開発金融機関では、投資の目安としての事業規模は1000万ドル以上であるのが通常です。一方で、より草の根のレベルでは、グラミン銀行などで有名なマイクロファイナンスや、中小企業向けのローン（SMEファイナンス）があるものの、1件あたりの規模は限定的です。したがって、この中間の規模、金額でいえば1億円から10億円の規模の事業に対する立ち上げ資金や運転資金が不足しているといわれています。ミッシング・ミドルとは、この状況を指しているのです。

この規模の事業では、日本など先進国であっても資金を調達することは容易ではありません。日本国内の銀行から融資を受けようとすると、事業リスクが高いとしてなかなか融資を得られないのが実情です。また、海外において邦銀のサポートを受けることもまだ容易ではありません。途上国の地場銀行から融資を受けることも容易ではありません。

アジア開発銀行（ADB）が行った調査によれば、アジアの多くの国においては、銀行からの融資は収益性が低い、返済期間が長すぎるとして容易には受けられないこと、また借りられたとしてもコストが高すぎるため、結果としてエクイティに頼らざるを得ないという状況です。

アジアにおける貸出金利は、平均で約11%であり、BOPビジネスのように資金回収に時間がかかるビジネスでは、金利が高いために収益性が確保できず、ビジネス化に至らない原因にもなり得るでしょう。また、各国の銀行法制により、企業が他国の金融機関の融資を受けられないことなど、法制度そのものの問題も存在します。

事業ステージ別の資金調達に関しても、事業の初期段階（アーリー・ステージ）になればなるほど困難がつきまといます。実際、アーリー・ステージにおいて資金を投入している投資家の割合は限定的であり、成長ステージが最も多くなっています。

アーリーステージでは、事業の収益性よりも社会性を求める投資家（財団など）が中心ですが、このような投資を行う団体の数はまだ多くありません。運よく事業のスタートアップ資金が集まったとしても、事業が採算に乗るまでのキャッシュを確保しておき、キャッシュショートの状態を回避するのは簡単なことではありません。

ミッシング・ミドル問題

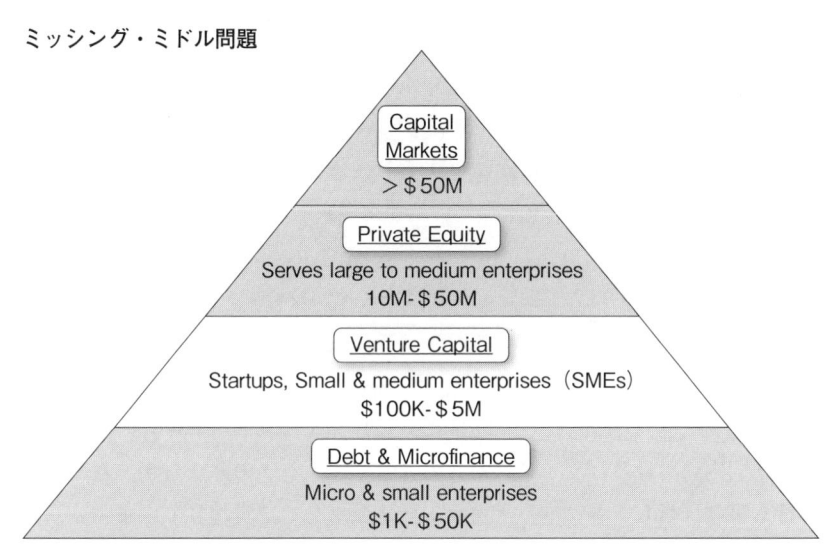

```
         Capital
         Markets
         ＞$50M

       Private Equity
  Serves large to medium enterprises
            10M-$50M

        Venture Capital
 Startups, Small & medium enterprises (SMEs)
            $100K-$5M

       Debt & Microfinance
      Micro & small enterprises
            $1K-$50K
```

出典：http://goldenmeancap.com/about/

❷どのように資金を確保するのか？

では、どのように資金を確保することができるでしょうか。

第一の方法は、**援助機関の支援制度を活用して事業化段階の資金を得る**やり方です。前述のように、JICAは日本企業によるBOPビジネスの事業化計画策定に必要な資金を調査委託という形で支援しているほか、海外投融資制度の活用により事業の立ち上げ時のファイナンスを供与することも検討中です。

また、米国国際開発庁（USAID）や国連開発計画（UNDP）のように、国籍を問わずBOPビジネスに取り組む企業を支援している援助機関もあります。USAIDの場合は、事業の立ち上げにかかる費用の50％を無償資金（現物を含む）という形で支援しているほか、UNDPは調査にかかる費用の一部をマッチンググラントという形で支援しています。

さらに、ADBやIFCなど国際開発金融機関では、ミッシング・ミドルの問題に対応すべく、ファンドの設置や債券の発行などを推進しており、譲許的な資金供給のオプションが増えつつあります。

第二の方法としては、後述する**インパクト投資家からの出資を受ける**とい

うやり方です。インパクト投資家は、事業の社会性を追求している投資家、財務的なパフォーマンスを追求している投資家など、投資基準によってさまざまに色分けされ、年々そのバラエティも増えています。

　海外であれば、Impact Base というインパクト投資家間のネットワークのプラットフォームからファンドなどの情報を検索することが可能です（www.impactbase.org）。

　日本ではまだインパクト投資の市場は小さく、投資家の数も少ないですが、小規模の事業であればインターネット上で出資者を募る「クラウドファンディング」が発達してきています。

　その一例として、ミュージックセキュリティーズ社（www.securite.jp）は日本国内におけるビジネスに対するファンディングのみならず、途上国における事業に対してもクラウドファンディングを一部実施しています。

　たとえば、同社はマイクロファイナンス貧困削減投資ファンドを運営しており、同社がこれまでに募集、運用を行ったファンドでは、1000万～2000万円規模の資金を集め、プラスの収益を上げることに成功しています。

　第三として、CSRを行う企業であれば、**CSR資金を活用する**こともひとつの方法です。企業にとっては、事業の入り口において研究開発、BOP層に対する技術移転、消費者に対する啓蒙といったあらゆる初期コストが求められます。この初期コストが調達できずに、ビジネスが頓挫する例も少なくありません。

　また、損益分岐点にたどり着くまで時間がかかることが多いなかで、たとえば消費者に対する衛生知識の啓蒙など、営業コストとなる部分を社会的なCSR活動と位置づけるとともに、並行して本業としてのビジネスを立ち上げる方法もあるのです。

　サラヤは、ウガンダのBOPビジネスの立ち上げを行う一方で、先んじてCSR活動として国連ユニセフへの支援である、手洗いに対する啓蒙活動も並行して実施しています。このような活動により、同時に消費者のベースを作り上げているということもできるでしょう。

　中小企業によるBOPビジネスの資金調達については、日本政府主導での中小企業海外展開支援策が推進されるなかで、海外展開を行う中小企業に対

しては、政府機関や地銀・信金による融資制度が整備されつつあります。

　たとえば、日本政策金融公庫はクールジャパンで海外展開を行う中小企業に向けて、従来の優遇金利よりもさらに優遇された金利（2014年1月現在0.25％優遇）での融資を開始しています。

　また、同公庫は経済の構造的変化に対応するために海外展開が必要な企業に対しても、上限7億2000万円（直接貸付。うち運転資金は2億5000万円）を設備資金15年以内、運転資金は7年内を限度に融資を行っています。

　商工中金も融資や現地法人の資金調達のサポート、投資環境の情報提供、外国為替業務を行っており、アジアに駐在員を派遣しサポート業務を行っています。

　中小企業基盤整備機構は、次のサイトに中小企業向けの情報をまとめており、融資の情報や助成金の情報などを検索することが可能です（J-Net21 http://j-net21.smrj.go.jp）。

▶法規制の克服・政府との関係

　BOPビジネスに限りませんが、ビジネス化においてよく直面する問題のひとつに政府の規制があります。規制そのものがビジネスの障壁になる場合もあれば、規制の不在や政府のガバナンス、法制度の実効力の弱さがビジネスの障壁になる場合もあります。

　次ページの表は、実際にJICAがBOPビジネス支援を行った企業が直面した問題です（企業のプライバシー保護のため、実際に起きた問題を抽象化しています）。

　このような問題を解決するため、現地の大使館や**援助機関、NGO、政府との関係が強い現地機関を通じて、政府に直接申し入れを行う**ことがあります。

　途上国では法律は整備されているものの、運用解釈が徹底していないなどガバナンスが脆弱であるといわれることもあるため、物事が順調に進まないことも想定されます。そのようなときに、政府機関と良好な関係をもっている現地大使館や援助機関、NGO、現地企業などと連携することで、物事を進めていくことができることもあり得ます。

　なお、このような問題は事前に回避できる可能性もあり、ビジネスを検討

JICAの協力準備調査で直面した法規制の問題

分野	直面した問題	解決策
保健衛生	その国では輸入されているものを、現地の原料を使って生産し、BOPに販売しようとしたが、その製品の生産は規制がかかっており、生産ができなかった。	政府に対して許可を求めたが、解決せず、今のところ法規制がビジネス化のボトルネックになっている。
保健衛生	政府の病院に商品を販売することを想定。一方で、政府系機関に販売するには政府に対するサプライヤーとしての登録が必要だったが、手続きが遅々として進まなかった。	JICAからも政府の省庁に申し入れをすることで、問題解決。政府の担当の机の上で眠っていた。
農業	肥料として使う原料を日本から輸入することを想定していたが、核となる原料が輸入禁止リストに入っており輸入できなかった。	JICAからも政府に対して申し入れを行ったが法律の改正までには時間がかかることからビジネス化を断念。
食品	現地で生産した作物を日本に輸出する予定だったが、輸出規制により輸出できず。	日本の関係機関、現地の関係者が政府に申し入れた結果輸出許可が下りた。
水	コミュニティ向けの水道システムを計画したが、水道は公的セクターが行うものと法律で決まっており、当初のモデルで事業を行うことができなかった。また法律により、水道価格が定められており、法律上に定められた価格では収益性を出すことが困難であった。	水道法の規制がかかっていない部分での別のビジネスを検討中。
水	都市のインフォーマルセクターの労働者を活用した販売を考えていたが、政府はそのセクターの労働者を減らすことを計画しており、フォーマルなビジネスとして彼らを取り込むことを断念。	別の販売方法に切り替え、ビジネスを立ち上げた。

出典：JICA協力準備調査（BOPビジネス連携促進）報告書をもとに作成。

し始める段階で、関連する規制の有無や適用可否についてあらかじめ情報収集しておくことが重要です。

▶ BOP層の啓蒙・育成

　BOPビジネスの成功に大きくかかわっていくのが、バリューチェーンに巻き込むBOP層を効果的に啓蒙し、育成できるかということです。バリューチェーンの各段階において、BOP層との関係ではさまざまな制約が想定

されます。それを啓蒙・育成していくことで克服することが必要です。

　たとえば、生産者、流通者、販売者としてビジネスに組み入れる場合、そもそもビジネスのスキルから訓練が必要です。生産者であれば製造するためのスキルを身につけなければならないし、販売者としては在庫管理、簿記といったスキルを身につけることが必要です。

　また、BOP層を消費者として捉える場合も、「そもそも、なぜその商品やサービスが必要なのか？」というところから啓蒙が必要です。日本を含めた先進国であれば、高度な教育が受けられ、メディアやインターネットで豊富な情報をもっていますが、BOP層は教育水準が低く、情報へのアクセスにも限界があるため、提供される商品やサービスが自分にとってどういったメリットをもたらすのかを理解することが容易ではありません。

　たとえば、インドのInternational Development Enterprises India（IDEI）という企業は、小型の灌漑装置を農民に販売するビジネスを展開しています。

　当初、売れ行きは必ずしもよくありませんでしたが、途中からハリウッド映画スタイルの啓蒙活動や製品のデモンストレーションを行うとともに、最も受容度の高い農民たちにデモンストレーション用の灌漑装置を設置するマーケティング活動を開始しました。

　こうした活動は時間も金銭も高くつくものでしたが、その甲斐あって2006年から2008年で40パーセントしか売上が伸びなかったものが、2008年からの3年間は売上が73パーセントまでに増大しました。

　一方、同様の灌漑システムをパキスタンで農民に販売した企業は、技術移転や啓蒙活動を行わず、マーケティング費用を節約することで低価格に抑え、農民に販売し、ビジネス参入時には大きな利益を上げることに成功しました。

　しかし農民に対してメンテナンス方法やシステム導入によるメリットについて十分に技術指導を行わなかったため、このシステムが壊れた時点でメンテナンスもなされず放置されることとなりました。その結果、農民にとってはシステムのメリットが十分に伝わらず、周辺の農民への普及も促進されず、結局、この企業は一度ビジネスから撤退することとなりました。

　JICAが支援している例でも、ガーナで味の素が行っている栄養改善食品のビジネスでは、乳幼児の栄養の欠乏が長期的に見て子供にどのような影響

BOP層への啓蒙，人材育成が必要な領域

BOP層の関与	BOP層に対する啓蒙や人材育成が必要な領域
生産者	● 基礎教育の欠如（識字，算術など） ● 生産などに必要な技術 ● 市場の情報（ニーズ，価格動向など）
流通者	● 流通インフラの欠如 ● 流通方法（温度管理，振動）に対する知識
販売者	● 商品に対する知識 ● 店の経営 ● 在庫管理，簿記
消費者	● 商品，サービスに対する知識 ● 使用方法 ● 教育，保健医療などに生活に必要な基礎知識 そもそも，「なぜその商品を使うことにより自分にメリットがもたらされるのか？」という認識が不足している。

出典：JICA協力準備調査（BOPビジネス連携促進）報告書をもとに筆者作成。

を与えるのかについて、母親や住民への啓蒙活動を行うところから始めています。

　また、サラヤが行っているウガンダの手指消毒剤のビジネスでは、JICAの青年海外協力隊の活動とも連携し、病院職員に対し院内感染の危険性や、どのタイミングで手指の消毒が必要なのか、なぜアルコールの消毒が有利なのか教育することで、アルコール消毒剤の理解、普及につなげています。

　この他にJICAが支援した例では、以下のような啓蒙活動との連携が行われています。

・製品を売る際に、訪問販売に加えて、コミュニティや教会の集会を利用し、試用販売を実施する
・NGOの活動の一環であるコミュニティ集会において、衛生関連商品を紹介し、実演しながら有益性をBOP層にアピールする
・食品の販売において、地方の消費者に直接リーチするのではなく、地方の寄宿宿舎の給食として提供。学校をハブとすることで多数の消費者へのネットワーク構築を行うとともに、学生の口コミを通じたマーケティングに期待する

インパクト投資でチャンスが増える
── 経済性と社会性を両立させる投資活動

▶ インパクト投資とは何か？

　BOPビジネスが普及する一方で、投資家のサイドでも従来の財務的なパフォーマンスを求める投資から、より社会性も追求する投資手法に注目が集まりつつあります。

　従来の投資においては、主に収益性とリスクの2つの面から投資がなされてきましたが、1990年代から「社会的責任投資」という考え方が浸透し、投資家の間でも、単に財務的なパフォーマンスだけを追うのではなく、社会や環境に配慮することで収益につながるという考え方が浸透してきました。

　2000年代初頭になると、米国のアキュメン財団など途上国の貧困層の生活向上を目的とする投資が出現するなど、徐々に「インパクト投資」の先駆けとなる動きが生まれてきました。

　2007年に開催されたロックフェラー財団の会議において、インパクト投資という言葉が生み出され、動きが活発化していきましたが、2008年のリーマンショックを契機に一気に注目を集めることとなりました。リーマンショックを機に従来の事業投資におけるリスクに対する考え方が批判されるようになり、より幅広いリスクの捉え方をするようになったのです。

　これは、社会的責任投資などに見られた「社会的にネガティブな影響を及ぼさない」という観点で投資を行っていた投資家が、よりプロアクティブに社会性を追求するようになったこと、ビジネスの社会性の評価手法の研究・開発が進み、インパクト投資がもたらす財務的・社会的なリターンがより明確にわかってきたことも、インパクト投資が注目を集める要因となったといえます。

グローバル・インパクト投資ネットワーク（Global Impact Investing Network：GIIN）は、インパクト投資を「財務リターンと併せて、測定可能な社会・環境インパクトを生み出す意図にもとづき、企業、団体、ファンドによって行われる投資」と定義しており、少なくとも財務リターンと社会的・環境的成果のダブル・ボトムラインを達成することを目指しています。
　その資本形態はさまざまですが、助成金（補助金）、デット、株主資本（エクイティ）、メザニン型資本（転換社債）、そして4手法の組み合わせ（いわゆる「ハイブリッド資本」）から構成されるとされます。
　また、インパクト投資家は、社会的企業に直接投資するか、投資仲介団体——たとえば、インパクト投資ファンド——に資金提供するか、または信用保証やファースト・ロス・トランシェ、信用補完、通貨ヘッジなどを通じて、リスクを吸収する取引に参加するかのいずれかの方法を選択することになります。
　実績の積み上げという面では英国が進んでいます。政府がインパクト投資に特化した投資銀行である「Big Society Capital」を設立し、国際開発省（DFID）が国内向け・途上国向けのさまざまなインパクト基金を運営するほか、社会的インパクト債券（Social Investment Bond）や社会的証券取引所（Social Stock Exchange）などの先進的な試みが行われており、官民連携のもとで政府機関が積極的にインパクト投資の動きを支援しています。
　同国は、2013年に開かれたG8サミットで「ソーシャルインベストメント・サミット」を主導するなど、先導的役割を果たしています。
　このインパクト投資の欧米における発展段階では、ロックフェラー財団をはじめとした多くの財団が多大な貢献をしてきており、投資家、金融機関、社会起業家、評価機関を中心とした市場関係者が出揃いつつあるとされます。
　また、インパクト投資に加え、インターネット上で個人から小規模の投資を集める「クラウドファイナンス」といった新たな資金調達の方法もここ数年で登場しています（先述）。
　市場の規模も急速に拡大しています。ロックフェラー財団のレポートでは、2010年から2011年の間に投資件数は1105件から2213件に倍増、また投資額も同様に24億ドルから43億ドルに増加しています。

また、2012年にJPモルガンが発表したレポートでは、インパクト投資は今後10年で1兆ドル規模まで成長する可能性があるとしています。
　日本では個別の取組事例として、大和証券は、グローバルな貧困問題を投資対象とするマイクロファイナンス・ファンドや政府開発援助（ODA）向けのJICA債を提供するなど、日本におけるインパクト投資の普及に貢献しています。
　また、ARUN合同会社は、日本の個人・企業からの出資金を原資として、途上国の社会起業家に対する投資を行うとともに、社会的投資を牽引するプラットフォームの構築を目指した活動を展開しています。
　さらに、東日本大震災後に寄付文化の醸成と寄付形態の多様化が進むなか、2013年には日本初のベンチャーフィランソロピーである「日本ベンチャーフィランソロピー基金」が設立されています。
　このように、日本におけるインパクト投資市場は活性化してきているといえますが、積極的なインパクト投資はまだその黎明期にあるといえるでしょう。
　Global Sustainable Investment Allianceの発表によると、欧州、米国でのインパクト・インベストメントを含む社会的責任投資の投資資産残高がそれぞれ8兆7580億ドル、3兆7400億ドルなのに対し、日本はわずか100億ドルにすぎません。しかし、欧州の社会的責任投資資産の2％にあたる10兆円（日本の時価総額250兆円の4％）が日本へ投資されているとの推計もあり、日本の投資市場においても、今後、インパクト投資の重要性はますます増大していくものと考えられます。
　インパクト投資は、いまや多様な目標達成に利用可能な政策手法のひとつとして概念化されつつあるともいえます。
　たとえば、次ページの表に示したのは、**持続可能な価値創出を推進する4つのメガ・トレンド**です。こうした領域への関心の高まりが、企業、政府、市民社会などによる価値創出と公共財へのファイナンスの手法を再編させつつあります。インパクト投資を、これらのメガ・トレンドへの投資手法として当てはめていく必要性が指摘されており、そこにはBOPビジネス市場も含まれているのです。

持続可能な価値創出を推進する4つのメガ・トレンド

	根拠	潜在性
BoPに鬱積する需要	BoP市場は，年収3000ドル未満の40億人がもつ購買力を指す。	BoP消費者と生産者がすでに5兆ドルの経済規模をもつ市場に参加すれば，この階層は成長軌道に乗るだろう。
グリーン成長の推進	グリーン・エコノミーは，人類の福祉と社会的公平を改善させ，環境リスクと生態系の希少性を大幅に減少させる。	再生可能エネルギーへの投資だけで，2008年の1150億ドルから2018年の3250億ドルへと2倍以上の大幅な成長が見込まれている。
福祉国家の再編	政府支出が構造的に歳入を上回っている国があるため，福祉国家は再編される必要がある。支出の大きな割合を医療保険，教育および福祉が占めている。	公共の利益を生み出す手法を根本的に移行させることは，民間セクターの参入機会につながる。たとえば，2020年には，世界の人口の20％が65歳以上となる。
富裕層に台頭するLOHAS	LOHAS消費者は環境意識が高く，持続可能性，社会的責任，人と地球の双方への配慮などを企図した製品への購買意識が高い。	LOHAS消費は，米国だけですでに3,000億ドル以上の市場をもち，急速に成長しつつある。

出典：「社会的インパクトを投資可能にする」マクシミリアン・マーチン（インパクト・エコノミー・ワーキング・ペーパーズ vol.4）翻訳：笹川平和財団（2014）

▶ インパクト投資の考え方、手法とプレーヤー

　インパクト投資といっても、そのなかにはいろいろな考え方や投資手法が存在します。

　社会性と収益性のどちらを優先するのかで、分類することができます。

　すなわち、**社会性をより重視する「Impact First」** の投資家と、**収益性をより重視する「Financial First」** の投資家の両極があり、投資家の目的や考え方によって、優先づけの考え方も多様なのです。

　Financial Firstの投資家としては、プライベートエクイティファンドや投資銀行などがその代表的なものです。もともとFinancial Firstの投資家は、マーケットの期待収益率よりもいくぶん下回る収益率しかなくても、社会性が追求されればよいという富裕層を主な対象としたファンドを中心に発展し

インパクト投資の位置づけ

慈善活動	ベンチャーフィランソロピー	インパクト投資	社会的責任投資ESG投資	従来型投資
財務的なリターンを求めない援助，慈善活動 ODA，NGOの活動など	投資家が慈善事業の当初資金（シードマネー）を投入するとともに，活動に対して助言することで，持続的な活動を目指すもの	財務的・社会的両方のリターンを求める投資	社会的にネガティブな影響がないように留意する投資 環境，社会，ガバナンスにおけるパフォーマンスを計測する企業を対象に行う投資	短期的な収益性を基準に行う投資
←社会性重視				収益性重視→

出典：Li（2012）をもとに作成。

てきました。やがてこれらのファンドが成功を積み重ね、良好なトラックレコードを築き上げると、他の市場投資家も参加するようになってきたのです。

　Financial First の投資家でも、目標内部収益率を通常の投資と同様か、それよりもいくらか低い数字を目指しているところがたくさんあります。また、十分な収益性を確保するために、事業のリスク管理においても、投資先に対する綿密な技術移転やコミュニケーションの確保はしっかり行っています。

　さらに、投資手法も多種多様で、債権、エクイティ、不動産などあらゆる方法での投資が進んでいます。

　一方、社会性を中心に据える Impact First の投資家として、財団や ODA 資金、開発金融機関から投資資金を得て活動しているファンドがあります。もともと慈善活動の領域で活動していたファンドや、社会性を追い求める富裕層など、財務的なリターンに関して寛容な財源をもとに活動しています。

　こうしたファンドなどは、社会的なインパクトがどれだけ得られたかに主な関心があり、財務的なリターンよりも事業の社会性の計測を重視しています。

　これら民間の投資家の活動に加え、開発援助機関や開発金融機関は資金の

インパクト投資のアセットクラスとファンドの例

		ファイナンシャルファースト	インパクトファースト
アセットクラス	現金	Shore Bank	Charity Bank
	シニア債	Blue Orchard	Root Capital
		Dexia Microcredit Fund	
	メザニンクゥアジ・エクイティ	Tridos Bank	Bridge Ventures Social Entrepreneurs Fund
	公開株	Generation Investment Management	
	ベンチャーキャピタル	Bridge Ventures CDV Funds	Aavishkaar
	プライベートエクイティ	ProCredit Holding	Acumen Fund
	不動産	JP Morgan Urban Renaissance Property Fund	Ignia
	その他不動産	Lyme Northern Forest Fund	Bosques Pico Bonito
	ヘッジファンド	Harcourt BelAir SA Fund	

出典：Bridge Ventures 2010 "Investing FOR Impact" をもとに作成。

提供以外にも、BOPビジネスやインパクト投資の市場環境の形成という点で重要な役割を担っています。

　事業が成功するためには、事業を管理するファンドマネージャーや、投資先で活動するスタッフなど、あらゆる人材に対する技術訓練が必要です。

　このような訓練費用を効率的にまかなうしくみとして、ADBなどの開発金融機関やShujogのようなインパクト投資資本市場形成に取り組む団体が中心となってTA（Technical Assistance）ファンドの組成に取り組んでいます。

　また、ビジネスを成功させるには、政府の規制環境や、消費者に対する教育といったさまざまな面でのビジネス障壁を取り除きつつ、より良好なビジネス環境（エコシステム）を形成していく必要があり、その中心的なプレーヤーとしてこれらの機関が活躍しています。

　エコシステムの形成に加えて重要な課題が、優良な投資先の発掘です。たとえば、前出のGIINはImpact Baseというサイトを構築し、インパクト投資家と投資先のマッチングの強化を推進しようとしています。

インパクト投資を行っているファンド・財団の例

ファンド名	設立年	ターゲット	投資額	期待収益率
Acumen Fund	2001	アジア，アフリカを対象に融資及びエクイティを提供 保健，住宅，水，エネルギー	70百万ドル 65企業	6%
Calvert Foundation	1988	100か国のコミュニティをベースとした金融機関を対象	200百万ドル	0-2%
Ignia	2008	中南米でBoP層を対象としたビジネスに対して長期的なベンチャーキャピタルを提供	102百万ドル	25%
Root Capital	1999	アフリカおよび中南米における農民組織に対して融資を提供	1999年〜2011年で120百万ドル融資	2.5-3%

出典：Rockefeller Foundation（2012）。

　このようなマッチングのプラットフォームをうまく活用することで、事業資金の獲得の可能性も広がっていくと考えられます。

▶BOPビジネスの開発効果測定に向けて

　この章では、BOPビジネスを「主として途上国におけるBOP層を対象（消費者、生産者、販売者のいずれか、またはその組み合わせ）とした持続可能なビジネスであり、現地におけるさまざまな開発課題の解決に貢献することが期待される、新たなビジネスモデル」と定義し、そうしたビジネスが直面する課題について検討してきました。

　BOPビジネスに取り組む企業においても、そうした企業の取り組みを支援するJICAのような機関にとっても、はたまたこうしたビジネスに「インパクト投資」「社会的責任投資」「ベンチャー・フィランソロフィー」など、さまざまな形態で資金提供を行う投資家においても、経済性と社会性の両立（ダブルボトムライン）を目指すなかで、企業から見た従来の投資判断基準の壁を越えることは困難です。

　先述のとおり、GIINのIRISやIFCのDOTSなどの既存のフレームワーク、あるいは社会的投資収益率（SROI）の手法を活用・導入する活動も盛んに

なってきていますが、日本の企業や投資家において積極的に事業戦略として社会性を追求するところは少なく、啓蒙が必要となっています。

　JICAでも、そうした啓蒙活動への貢献策として**BOPビジネスにおける開発効果測定の枠組みの素案を検討し、試行的に活用**を始めています。

　BOPビジネスは、バリューチェーンのさまざまな段階において、開発効果が発現する可能性があります。

　そうした正の効果を民間企業が事業計画の投資判断を下す根拠指標として内製化したり、投資家側が投資先のパフォーマンス評価に活用するようになることを通じ、我が国におけるインパクト投資市場が拡大し、日本企業によるBOPビジネスの普及が促進されることが期待されます。

日本発BOPビジネスの飛躍へ
―― 日本企業と公的支援の強みを発揮する

▶日本におけるBOPビジネス支援の方向性

　これまで見てきたように、日本企業によるBOPビジネスは、2008／2009年以降、普及促進が図られてきました。JICAのBOPビジネス支援制度も、その導入後7回の公示を重ね、94件の事業提案を採択し、さまざまなビジネスモデルの構築、事業化を支援してきています。

　これと並行して、2012年度よりODAを活用した中小企業海外展開支援策も推進されており、全体としてJICAを含む日本政府の公的機関による日本企業の新興・開発途上国での事業展開を支援するツールが一気に整備され、そうしたツールを活用する企業の数も急激に増えている状況です。

　この章で論じてきたように、BOPビジネスの立ち上げや事業化にあたって直面し得るさまざまな課題を克服していくうえで、企業単体の努力では乗り越えられない要素が多々存在します。

　興味深いことに、日本政府や日本企業によるBOPビジネスの取り組みは、欧米諸国の政府、開発機関、企業などと比べて約10年出遅れているにもかかわらず、その「距離感」をあまり感じさせません。それは、BOPビジネスの成功事例が、グローバルに見ても依然として限られているからだと思われます。

　2013年は、BOPビジネスの経験や知見を集約し、10年先を見据えて、さらなる普及促進のために克服すべき課題や、とるべきアクションを議論するフォーラムが複数開催されました。そこで出てきた課題は、基本的にこの章で整理したことと軌を一にしています。

　このことは、BOPビジネスを成功に導くことの難しさを示唆するとともに、

新興・途上国市場のBOP層を対象とするビジネス展開において、日本企業も欧米企業などとほぼ同じ土俵に立っていることも示しているといえるでしょう。

こうした現状のもと、BOPビジネス支援センター運営協議会や、同センターによる一般公開セミナーなどを通じて、「ビジネス」と「新興・途上国の開発の現場」をより効果的につなぐための環境づくりが議論されています。

とくに、日本企業あるいは日本の公的支援（ODA事業など）の強みとして、現地目線、現場主義、技術移転、人材育成、アフターケア・サービス（ライフサイクルの視点）などを再認識し、こうした要素を積極的にアピールするとともに、事業の開発効果を高め、スケールアップや持続性を確保するためにも日本の開発支援とのつながりを強化することや、現地で活用可能な支援ツールやファイナンス制度の具体的検討を進めることの重要性が指摘されています。

JICAのBOPビジネス支援においても、現行制度の改善やODA事業とのいっそう効果的な連携を模索するとともに、インクルーシブなビジネス戦略・アプローチや、現地における民間セクター開発や起業家育成・支援につながる取り組み、あるいはインパクト投資などの普及を見据えた支援のアプローチが重要性を増してきていると考えられます。

▶ BOPビジネスのナレッジベースの広がりを活かす

欧米各国やラテン・アメリカ、またアジアではとりわけインドにおいてBOPビジネスの取り組みが先んじているなか、世界的にBOPビジネスの成功、失敗に関する経験が豊富に蓄積されてきており、次ページのようにナレッジベースが広がりを見せています。

日本企業においても、これらの経験・知見を活用することができれば、BOPビジネスを成功させるための知識や戦略を深めることができるでしょう。

グローバルな視点で、日本企業のBOPビジネスへの取り組みを考えたとき、**より積極的に対象国の現地や日本以外のアクターとの交流が推進されるネットワーク、あるいはプラットフォーム形成が必要**になっていると思われます。

BOPビジネスのナレッジベース（例）

（BOPビジネス支援センター） http://www.bop.go.jp	日本におけるBOPビジネス支援の概要や，セミナー・公募情報などを掲載．
（独立行政法人　国際協力機構（JICA）） 民間連携： http://www.jica.go.jp/activities/schemes/priv_partner/index.html BOPビジネス： http://www.jica.go.jp/activities/schemes/priv_partner/BOP/index.html BOPビジネス調査報告書： http://gwweb.jica.go.jp/km/FSubject9999.nsf/VIEWALL/96B5564FDC97219849257AAF0023BBA1?OpenDocument 中小企業海外展開支援： http://www.jica.go.jp/sme_support/index.html	日本のODA実施機関によるBOPビジネス支援の取り組み，関連レポート，中小企業海外展開支援に関する情報などを掲載．
（独立行政法人　日本貿易振興機構（JETRO）） BOP/ボリュームゾーンビジネス： http://www.jetro.go.jp/theme/bop/basic/ BOP/ボリュームゾーンビジネス相談窓口： http://www.jetro.go.jp/theme/bop/advice/ 現地事情の把握： http://www.jetro.go.jp/theme/bop/precedents/housesurvey.html	日本の貿易・投資促進機関によるBOP/ボリュームゾーン・ビジネス支援の取り組み，関連レポートに関する情報などを掲載．
（国連開発計画（UNDP）） http://www.growinginclusivemarkets.org/	UNDPによる支援プラットフォーム，ケーススタディ，報告書などの情報を掲載．
（国際金融公社（IFC）） http://www.ifc.org/wps/wcm/connect/Multilingual_Ext_Content/IFC_External_Corporate_Site/IFC_Home_Japan/Topics/BOP+business/（和） http://www.ifc.org/wps/wcm/connect/AS_EXT_Content/What+We+Do/Inclusive+Business（英）	IFCのInclusive Businessの実績にもとづいた事例集，レポートなどを掲載．
（米州開発銀行（IDB）） http://www.iadb.org/en/topics/opportunities-for-the-majority/idb-opportunities-for-the-majority-serving-the-base-of-the-pyramid-in-latin-america,1377.html	IDBのInclusive Businessの取り組みを掲載．
（アジア開発銀行（ADB）） http://www.adb.org	ADBのInclusive Businessの取り組みを掲載．
（米国開発援助庁（USAID）） GDA：http://www.usaid.gov/gda DIV：http://www.usaid.gov/div	USAIDのGlobal Development Alliance（GDA）やDevelopment Innovation Ventures（DIV）など，社会課題解決に貢献しうる民間企業に対する支援策を掲載（対象は米国以外の企業を含む）．
（Practitioner's Hub） http://businessinnovationfacility.org/	英国の援助機関であるDfIDが創設したBusiness Innovation Facilityが運営するサイト．BOPビジネスを行うためのノウハウ集，文献などを豊富に掲載．またメンバーとして登録することで情報発信やネットワーキングも可能．
（BOP Global Network） http://www.bopglobalnetwork.org/	2007年にBOPビジネス提唱者の一人であるスチュアート・ハート教授によって創設されたBOPビジネスの有識者ネットワーク．各国のBOPビジネス業界における主要プレーヤーとのネットワークを有する大学・シンクタンクをさらにネットワーク化することでBOPビジネスに関するエコシステムの創造を推進することを目的としている．
（Global Impact Investing Network（GIIN）） http://www.thegiin.org	インパクト投資家のハブとして，投資家の情報，インパクト投資のためのツールなどを公開．IRIS（アイリス）関連情報も含む．
（Impact Investment Exchange Asia（IIX），Shujog） IIX：http://www.asiaiix.com/ Shujog：http://shujog.org/	シンガポールをハブとして，インパクト投資資本市場の育成，ソーシャルビジネス支援（資金調達，技術支援，調査）に取り組む団体．
（World Business Council for Sustainable Development（WBCSD）） http://www.wbcsd.org/about.aspx http://www.inclusivebusiness.org/	企業がBOPビジネスに取り組むためのマニュアル，社会性評価などのマニュアルを掲載．一部は日本語に翻訳されている．

BOP Global Networkの日本代表となっている野村総合研究所の平本督太郎氏も、日本におけるBOPビジネスのエコシステムの形成に必要なネットワークの創設や、地域的な視点から日本とインドが共同で牽引するようなアジアネットワーク創設の必要性を指摘しています。
　もちろん、その前提として日本国内におけるさまざまなアクター間の交流が推進されるネットワーク、あるいはプラットフォーム形成も必要になっています。
　対象国を特定して、実績や関心のある企業間の交流を促す機会を提供し、相互に知識・経験を共有することも有効だと考えられます。

おわりに

　読者の皆さんは、この本を読んでどうお感じになりましたか。少しでもお役に立つことができたでしょうか。従来の本とは違う視点で書かれているため、驚かれた部分があるかもしれません。ただ、この本の使命は、皆さんに「新たな視点」をもっていただくことだと考えています。
　巻頭の「はじめに」で、この本の目的を4つに整理しました。
①アジアの市場を知る
②異文化環境でのマネジメントを理解する
③アジアへの経営戦略を考える
④BOPビジネスの可能性を探る
　企業のアジア進出に関する戦略本は数多く出版されていますが、すべて「日本からの視点」で書かれています。先進国の立場に立つことはやむを得ませんが、同胞であるアジアの新興国に対して、「上から目線」で相手を見下すような論調も散見されます。
　また、日本の過去と照らし合わせて、現在のアジアの暮らし向きを昭和30年代、40年代と同じようなレベルであると表現する本がたくさんあります。これもある意味ではやむを得ないかもしれませんが、読者をミスリードすることになるでしょう。
　そこで皆さんにお願いしたいことがあります。それは、シンガポールを起点（中心）にアジアを見ることです。そうすることで、海外から日本を見るのと同じように客観的な視点をもつことができます。つまり、日本からの視点ではなく、アジアそのものの視点で「もの」や「文化」の違いを見ることができるようになるのです。
　たとえば、熱帯に近いシンガポールから見れば、日本は四季に恵まれ、雪も降ってスキーが楽しめる、安全な「北の国」と位置づけることも可能です。

また、グローバル企業にとって、アジアの中心は日本ではなく、シンガポールであると考えるほうが自然です。
　たとえば、世界的な食品会社であるネスレは、シンガポールにあるアジアの研究開発拠点（R&D）をさらに拡大すると、日経産業新聞が報じました。
　また、シンガポールの郊外にあるシンガポール国立大学（NUS）は、アジアの大学ランキングでトップの東京大学に続くナンバー２の実力校です。ここでMBAを取得した日本人が、そのままシンガポールに残り、現地で働くケースも珍しくありません。
　このようにして、シンガポールをアジアの中心として捉えると、アジアにおいても華人圏やイスラム圏、そして英語圏など、多様な異文化圏を形成していることがイメージできるようになります。言い換えれば、アジア諸国への見方や発想が広がるのです。
　そこで、この本の内容をもう一度振り返ってみましょう。

第1章「アジア市場の特徴を見極める」

　この章では、アジアの市場、経済、ＯＤＡ、宗教、文化、リスク（リスクマネジメント）などについて、さまざまな視点から捉えています。JICAの民間連携制度の実務に携わる若林さんと川谷さん、そしてこの本を企画をした黒田が執筆しています。
　さすがにJICAのおふたりはアジア事情に精通し、執筆当時の最新情報が盛り込まれています。併せて、大いに納得感が得られる論考だと思います。アジアに対する新しい視点を養ってください。
　ここで若干の補足をさせていただきます。
　読者の皆さんは、「メイド・イン・ジャパン」というブランドが、まだアジアで十分に通用すると思っていませんか。残念ながら、日本企業のアジアでのブランド力は、随分と下がってしまっています。
　たとえば、2014年11月5日の日経産業新聞に掲載された「アジアブランド調査」によれば、アジアの6か国で8つの「買いたい商品」の「ブランド力の1位」を見てみると、次のようになっています。
　自動車：BMW（ドイツ）、スマホ・携帯電話：アップル（アメリカ）、テレビ：

ソニー（日本）、デジカメ：キヤノン（日本）、インターネット関連サービス：グーグル（アメリカ）、化粧品：ロレアル（フランス）、カジュアル衣料品：ZARA（スペイン）、洗濯機：サムスン（韓国）

　8つの消費財のなかで、日本製品はテレビとデジカメの2商品のみです。つまり、「メイド・イン・ジャパン」のブランド力は、薄れつつあることが明白なのです。これからアジアに進出する日本企業が勝ち残るには、品質本位の「メイド・イン・ジャパン」のブランド力だけでは不十分であることが理解できるでしょう。

　では、プラスアルファの要素としては、どのようなことが考えられるでしょうか。「メイド・イン・ジャパン」を謳った「標準化した製品」で不十分ならば、「現地化する製品」を考える必要性もあるでしょう。まずは、進出先の国に行き、現場を見てください。

第2章「異文化環境で人をマネジメントする」

　この章は、関下さんが外資系企業で勤務したときの経験を踏まえて、執筆されました。さまざまな具体的な事例――有給休暇の消化、食生活、パーティ、宗教、お茶汲みなど――が出てくるので、たいへん理解しやすい内容となっています。

　日本人がよかれと思ってしたことが、外国籍の同僚や上司に対しては裏目に出てしまい、人間関係を壊したり、場合によっては人権問題につながったりする可能性がある、ということを十分理解いただけたと思います。

　とくにマネジメントの立場にいる人がダイバーシティ・マネジメントを身につけ、どのようにマネジメントすることが組織をより活性化できるかを考えるとき、大きな手掛かりとなるでしょう。

　ただし、日本人のコミュニケーション力が乏しいわけではありません。日本の組織が「ダイバーシティ」に慣れておらず、人権に関わる問題を避けていただけなのです。グローバル人材がどのようなものなのかという議論の前に、組織および個人として、異文化との関わり合いをよく考えていただきたいと思います。この章は、そのための教材としても活用できる内容となっています。

第3章「アジアに進出する企業の経営戦略」

　経営戦略の重要性とアジア市場進出におけるマーケティングの必要性について、それぞれ黒田と森辺さんが執筆しました。

　日本企業は、現地法人をつくることで満足する傾向にあるといわれます。いかにして、自社商品をエンドユーザーに届けるかを模索せず、その手前の段階で終わっているのが現状ではないでしょうか。つまり、進出した市場での「商売」を忘れているのです。

　また、日本企業は中長期的な経営戦略を立てるのが苦手であるといわれます。サラリーマン経営者が多いためか、トップが現状維持で満足したり、自分の在任期間中の業績しか眼中になかったりするのが原因かもしれません。

　この本では、中長期的な戦略思考をもったホンダの事例──二輪車でのアメリカ進出と四半世紀にわたるホンダジェットの戦略──を取り上げて、問題提起をしました。

　さらに経営戦略上の課題として着目していただきたいのは、企業理念と経営戦略が融合していないことです。

　昨年、私の黒田ゼミ（大学2・3・4年生が対象）では、グローバル企業3社と国内市場中心の4社に経営理念についてインタビューを行い、両者の比較研究をしました。

　グローバル企業では、ダイバーシティ化する従業員に対して、いかに企業理念を浸透させるか、その教育方法でさまざまな工夫が見られました。一方、日本市場が中心の企業では、企業理念がないケースもあり、大いに驚かされました。

　アジアに進出する場合、企業理念に裏打ちされた経営戦略が必要です。この本では、韓国の企業や日本企業の具体例を紹介しましたが、海外へ進出するならば、グローバル企業と同様に企業理念と経営戦略を立案する必要があることをご理解いただけたでしょう。

　また、悩ましい問題のひとつに、現地法人のトップ人事があります。トップを現地の人にするのか、日本から派遣した日本人にするのかが、本社としては迷うところです。

現地の人が現地法人のトップになった場合、日本の本社とのコミュニケーションが一番の問題といわれています。本社の担当役員と人事部が、組織として十分な覚悟をもって取り組む必要があるでしょう。
　本社のバックアップについては、海外進出する前から十分な施策を練っておかなければなりません。とくに人事制度については、将来、本社と同じような仕組みにするのかどうかについても考えておく必要があります。これは、現地法人のトップがヘッドハンティングされることを防止するうえでも重要なポイントといえるでしょう。
　マーケティングの重要性については、インドネシアとフィリピンを具体例に挙げて、どのように市場を捉え、エンドユーザーまでの流通網をどう構築するか、その戦略について森辺さんが実務家の目で、現状分析とともに詳細に解説されています。
　複雑な流通網、ディストリビューターとの付き合い方やその管理方法、投資への考え方や問題点、イーコマース（ＥＣ）問題など、日本では知ることができないような実態を理解することができます。
　また、「売り方」の戦略上での可視化問題を取り上げています。これらは進出先でパートナーを説得する材料にもつながる貴重な提言といえるでしょう。さすが森辺さんだけあって、敏腕ビジネスマンの片鱗が随所にうかがえます。

第4章「BOPビジネスでアジア市場を開拓する」

　2000年以降、日本企業はCSR（企業の社会的責任）への取り組みに大きな関心を示し、CSR重視の姿勢にシフトした時期もありました。また、SB（ソーシャルビジネス）がマスコミで取り上げられ、大きな盛り上がりを見せたこともあります。
　CSRやSBが取り沙汰されるたびに、企業は自社の経営戦略に取り込もうとしますが、残念ながら長続きせず、「ブーム」で終わっているのが実情です。
　BOPビジネスでは、そのようなことにならないように「官・民・学」で持続可能な展開を試みている最中です。
　そこで、この章は日本におけるBOPの推進役であるJICAの民間連携室の若林さんと川谷さんに担当していただきました。

テーマは多岐にわたっていますが、行政の立場から民間連携制度を直接運営されただけあって、中身の濃い内容となっています。

BOPビジネスに興味をもたれた実務家にとっても、BOPビジネスの研究者にとっても、あるいはこれからBOPビジネスを研究しようとする学生諸君にとっても、たいへん示唆に富んだ内容となっています。

その概要は次のとおりです。

①BOPビジネスという言葉の語源や定義や、「開発課題」「開発援助」に関する問題提起

②諸外国と日本の支援制度、アジアにおけるBOPビジネスの潜在的な魅力とJICAの民関連制度から見えてきた教訓

③進出企業としての社内対策、現地でのBOPビジネスのビジネスモデル

④現地でのパートナー問題や将来にわたる資金確保、法整備の問題など

⑤BOPビジネスを持続可能な事業とするためのインパクト投資問題

⑥BOPビジネスの開発効果の測定とその将来性

なお、ここに書かれた内容は執筆者の研究成果なので、JICAの公式見解とはいえない部分があるかもしれません。その点をご理解ください。

最後に、今後の課題を含めた2つの論点を補足したいと思います。

【論点1】

これからは、資源を消費する「新品のビジネス」のみに視線を向けるのではなく、「静脈産業」といわれる中古品や資源のリサイクルビジネスにも注目すべきだと思います。そのほうが海外進出の際、有利になるとも考えられます。この本の帯に推薦文を書いていただいた会宝産業（本社：金沢市）の近藤典彦社長が提唱される「環・成・経」（環境・成長・経済の略）などの考え方です。

地球と人類、そして企業の将来に向けた持続可能性を考えるうえでは、もはや避けて通ることができないのが静脈産業です。世界の人々は、必ずしも新品や新製品を欲しているわけではありません。新興国では、値段の高い新品よりも中古品や中古部品で十分に満足し、活用している人が多いともいえるでしょう。

そのなかで、民間の資格とはいえ、自動車のエンジンやトランスミッションの中古部品の世界標準をつくり、ビジネスモデルを確立した会宝産業と近藤社長の取り組みは、新しい日本企業の行方を示唆しています。新興国におけるBOPビジネスのビジネスモデルとしても十分に通用するといえます。

会宝産業の近藤社長が、小説家・村上龍氏の『カンブリア宮殿』（テレビ東京）にご出演後、その流れはますます加速しているとうかがいました。今後の展開が楽しみです。

【論点2】

大企業のような「体力」がない場合、コア事業の異なる企業同士が協働する「コラボレーションによる海外進出」のススメです。

たとえば、R社がインドで展開しているプロジェクターの活用による教育推進活動を事例として考えてみましょう。

R社は大企業なので、十分に自社だけでやりきることができるでしょう。しかし、教育コンテンツとの組み合わせを考えれば、さらにプロジェクトが推進されるのではないでしょうか。プロジェクターという製品のハードとしての価値だけではなく、プロジェクターの活用によるソフトとして価値が付加されるからです。

医療や教育は、その国の行政のインフラを肩代わりすることはあっても、儲かるビジネスとはなかなかいえないものです。

しかし、単独で考えるのではなく、2～3社の協働関係を構築しながらプロジェクトを推進することによって付加価値を高めれば、世界のライバルとの差別化の一助となるはずです。今後は、そのようなコラボレーションがいっそう望まれるでしょう。

末筆ながら、この本の企画を応援していただき、出版社をご紹介くださった明治大学の大石芳裕先生、出版に応じていただいた白桃書房の大矢社長、編集を担当していただいたメディアポートの脇田健一氏に心から感謝を申し上げたいと思います。

黒田秀雄

◆ 主な参考文献

第1章

大泉啓一郎「先進国化する中国・東南アジアの大都市〜メガシティ（大都市）からメガリージョン（大都市圏）へ〜」2009

外務省「2012年版 政府開発援助（ODA）白書」2013

経済産業省貿易経済協力局通商金融・経済協力課編「新中間層獲得戦略〜アジアを中心とした新興国とともに成長する日本〜」2012

国連開発計画『人間開発報告書2013』阪急コミュニケーションズ 2013

ADB & ADBI, Infrastructure for a Seamless Asia, ADB 2009

United Nations Department of Economic and Social Affairs, World Population Prospects: The 2012 Revision 2013

Hudson Institute The Index of Global Philanthropy and Remittances 2012

Kharas & Gertz, The New Global Middle Class: A Cross-Over from West to East, Wolfensohn Center for Development at Brookings 2010

Transparency International, Corruption by Country 2013

World Economic Forum "The Global Competitiveness Index 2013-2014"

IMD "The World Competitiveness Scoreboard 2013"

第2章

「朝日新聞」2012年1月24日、2013年4月26日、2014年1月23日　朝日新聞社

「日経ビジネス」続・中国の次のアジア　勝てるアジア最前線　日経BP社　2013

一般社団法人日本在外企業協会「調査報告書」「海外現地法人の経営のグローバル化に関するアンケート調査」結果報告について　2012

有村貞則『ダイバーシテイィ・マネジメントの研究－在米日系企業と在日米国企業の実態調査を通して－』文眞堂　2007

糸木公廣『日本人が海外で最高の仕事をする方法　スキルよりも大切なもの』英治出版　2013

河谷隆司『アジア発異文化マネジメントガイド』PHP研究所　2003

久米昭元、長谷川典子『ケースで学ぶ異文化コミュニケーション―誤解・失敗・すれ違い』有斐閣　2007

谷口真美『ダイバーシティ・マネジメント－多様性をいかす組織－』白桃書房　2005

DIAMOND ハーバード・ビジネス・レビュー編集部『EQを鍛える』ダイヤモンド社　2005

西田ひろ子編『マレーシア，フィリピン進出日系企業における異文化間コミュニケーション摩擦』多賀出版　2002

Sekishita, M. Leadership of an American Manager in Japanese Professional Baseball: A Case Study of Bobby Valentine. Rikkyo Graduate School of Intercultural Communication 2008

関下昌代『反・学歴の成功法則』経済界　2012

古川久敬『集団とリーダーシップ』大日本図書　1988

八代京子他『異文化コミュニケーション・ワークブック』三修社　2001

八代京子『異文化トレーニング[改訂版]―ボーダレス社会を生きる』三修社　2009

第3章

大野健一、桜井宏次郎『東アジアの開発経済』有斐閣　1997
前間孝則『日本の名機をつくったサムライたち』さくら舎　2013
野中郁次郎、徐方啓、金顕哲『アジア最強の経営を考える』ダイヤモンド社　2013
一般財団法人海外投融資情報財団（監修）『東南アジアにおける日系企業の現地法人マネジメント』
　　　中央経済社　2013
元橋一之『グローバル経営戦略』東京大学出版会　2013
大石芳裕、桑名義晴、田端昌平、安室憲一（監修）『多国籍企業と新興国市場』文眞堂　2012
アジア経済研究所編『アジア動向年報2013』アジア経済研究所　2013
NAC国際会計グループ『アセアン最新進出ガイド』カナリア書房　2013
安西洋之、中村鉄太郎『マルちゃんは、なぜメキシコの国民食になったのか？』日経BP社　2011
ジェトロ海外調査シリーズNO.387『アジア主要国のビジネス環境比較』ジェトロ　2012
みずほ総合研究所『アセアンの実力を読み解く』東洋経済新報社　2014
三菱東京UFJ銀行国際部『アジア進出ハンドブック』東洋経済新報社　2012
目黒良門『戦略的マーケティングの思考』学文社　2011
上田和勇『事例で学ぶ　リスクマネジメント入門』同文舘出版　2011
元橋一之『グローバル経営戦略』東京大学出版会　2013
小田部正明、クリスチアン・ヘルセン『グローバル・ビジネス戦略』同文舘出版　2000
山田修『本当に使える経営戦略・使えない経営戦略』ぱる出版　2013
森辺一樹『アジアで儲かる会社に変わる30の方法』中経出版　2012
岡村聡『新興国アジアでお金持ち』講談社　2013
フォンス・トロンペナール・ピーター・ウーリアムズ、古屋紀人『異文化間のビジネス戦略—多様
　　　性のビジネスマネジメント—』白桃書房　2005
中村久人『グローバル経営の理論と実態』同文舘出版　2001
KPMG／あずさ監査法人『紛争鉱物規制で変わるサプライチェーン・リスクマネジメント』東洋
　　　経済新報社　2013
「組織科学」2013年46巻4号　白桃書房
「日経エコロジー」2013年10月号　日経BP社

第4章

味の素株式会社
「ガーナ栄養改善プロジェクト」
　　　http://www.ajinomoto.com/jp/activity/csr/pdf/ghana_project.pdf
「ガーナ栄養改善プロジェクト Better Nutrition, Brighter Future」
　　　http://www.ajinomoto.com/jp/activity/csr/pdf/aji_ghana_jp.pdf
独立行政法人国際協力機構「USAID・JICA・味の素（株）、ガーナにおける離乳期の子供の栄養改
　　　善に　共同で取り組むための覚書を締結」（2012年5月31日、プレスリリース）http://www.
　　　jica.go.jp/press/2012/20120531_01.html
国連開発計画（UNDP）駐日代表事務所「日本の食品大手の味の素社が「ビジネス行動要請
　　　（BCtA）」に参加し、ガーナにおける栄養改善を推進」（2013年9月12日、プレスリリース）
　　　http://www.undp.or.jp/news2/detail.php?id=245
NGOと企業の連携推進ネットワーク、「地球規模の課題解決に向けた企業とNGOの連携ガイドラ
　　　イン Ver.3」（2013年5月）
　　　http://www.janic.org/ngo_network/PartnershipGuideline.ver3.pdf

大野泉、政策研究大学院大学（GRIPS）、「ビジネス」と「開発の現場」をつなぐ～日本発のBOPビジネスの確立・拡大にむけて～」（第4回BOPビジネス支援セミナー（主催：貿易・産業協力振興財団、共催：UNDP、後援：経済産業省）発表資料、2014年1月22日）
　　http://www.bop.go.jp/wp-content/uploads/2014/02/140122_seminar05_JICA.pdf

一般社団法人関西経済同友会、BOP（新興・途上国市場）ビジネス委員会「BOPビジネスに企業はどう向き合うべきか～社会的課題の解決と将来のボリュームゾーンへのアプローチ～」(2013年2月)

独立行政法人国際協力機構、「BOP層向けの簡易冷蔵庫「チョットクール」の開発ストーリーとVLFMプログラム」（2010年5月26日、プレスリリース）
　　http://www.jica.go.jp/india/office/information/event/2010/100526.html

独立行政法人国際協力機構、JICA's World「特集 BOPビジネス」（2013年5月号）
　　http://www.jica.go.jp/publication/j-world/1305/index.html

独立行政法人国際協力機構、地球ひろば：BOPビジネス展示関連セミナー「チームでチャレンジ、BOPビジネス－ベトナムでの足こぎ車いすBOP事業準備調査を中心に－」（2013年6月7日）発表資料
　　http://www.jica.go.jp/hiroba/event/reference/2013.html

独立行政法人国際協力機構、地球ひろば：BOPビジネス展示関連セミナー「ペダルをこいでバングラデシュに飲み水を！」（2013年8月23日）発表資料
　　http://www.jica.go.jp/hiroba/event/reference/2013.html

独立行政法人国際協力機構・あらた監査法人・ARUN合同会社「BOPビジネスの開発向上のための評価及びファイナンス手法に係る基礎調査　ファイナル・レポート」（平成25年11月）
　　http://libopac.jica.go.jp/images/report/12127320_01.pdf（本文）
　　http://libopac.jica.go.jp/images/report/12127320_02.pdf（参考文献）

独立行政法人国際協力機構・あらた監査法人・ARUN合同会社「BOPビジネスにおける開発効果評価手法実施の手引き」（平成25年11月）
　　http://libopac.jica.go.jp/images/report/12127338.pdf

独立行政法人国際協力機構　協力準備調査（BOPビジネス連携促進）最終報告書ウェブサイト
　　http://gwweb.jica.go.jp/km/FSubject9999.nsf/VIEWALL/96B5564FDC97219849257AAF0023BBA1?OpenDocument

独立行政法人国際協力機構、三洋電気株式会社（現パナソニック株式会社）「ケニア ソーラーランタン BOPビジネス適合調査」（2012年2月15日）
　　http://libopac.jica.go.jp/images/report/12068797.pdf

独立行政法人国際協力機構、住友化学株式会社「ケニア共和国　防虫関連製品の貧困層向けビジネスモデル構築のための準備調査(BOPビジネス連携促進)報告書」（平成24年9月）
　　http://libopac.jica.go.jp/images/report/12083812.pdf

独立行政法人国際協力機構、株式会社TESS、一般社団法人re:terra、日本テピア株式会社「ベトナム国　障がい者の社会復帰を目指す足こぎ車いすBOP事業準備調査報告書」（平成25年3月）
　　http://libopac.jica.go.jp/images/report/12115010.pdf

独立行政法人国際協力機構、日本ベーシック株式会社、八千代エンジニアリング株式会社「バングラデシュ国　自転車搭載型浄水器を活用した水事業準備調査(BOPビジネス連携促進)ファイナルレポート」（平成25年7月）
　　http://libopac.jica.go.jp/images/report/12122271.pdf

独立行政法人国際協力機構・株式会社天水研究所・株式会社パデコ「バングラデシュ国　マイクロクレジットシステムを取り入れた雨水タンク事業準備調査（BOPビジネス連携促進）ファイナル・レポート」（平成25年10月）

http://libopac.jica.go.jp/images/report/12127015.pdf
独立行政法人国際協力機構、株式会社雪国まいたけ「バングラデシュ国　緑豆生産の体制構築事業準備調査（BOPビジネス連携促進）報告書」（平成26年1月）
http://libopac.jica.go.jp/images/report/12148052.pdf
独立行政法人国際協力機構、味の素株式会社「ガーナ共和国　乳児栄養強化食品事業化準備調査（BOPビジネス連携促進）報告書」（平成26年3月）
http://libopac.jica.go.jp/images/report/12149282.pdf
独立行政法人国際協力機構「協力準備調査（BOPビジネス連携促進）平成25年度第1回公示結果・終了済み案件の現況等について」（2014年3月12日、BOPビジネス運営協議会発表資料p.7「2.②JICA事業との連携事例」）
   http://www.bop.go.jp/wp-content/uploads/2014/04/2013_3_shiryo3.pdf
サラヤ株式会社
   http://tearai.jp/　（「100万人の手洗いプロジェクト」ウェブサイト）
   http://tearai.jp/hospital/　（「病院で手の消毒100％プロジェクト」ウェブサイト）
   http://www.saraya.com/cambodia/　（「ハッピー手洗いプロジェクト」ウェブサイト）
新中間層獲得戦略研究会「新中間層獲得戦略～アジアを中心とした新興国とともに成長する日本～」（平成24年7月）
   http://www.meti.go.jp/committee/kenkyukai/external_economy/chukan_kakutoku/pdf/report01_01.pdf
菅原秀幸・大野泉・槌屋詩野「BOPビジネス入門　パートナシップ世界の貧困に挑む」, 中央経済社（2011年）
菅原秀幸（北海学園大学）「BOPビジネスの源流 - ヤクルトによる企業利益と社会利益の同時実現」（2009年6月9日、Working Paper, Version 1）
   http://sugawaraonline.com/paper/Origin_of_BOPbusiness.pdf
大和証券株式会社「投資を通じた社会貢献－インパクト・インベストメント」ウェブサイト
   http://www.daiwa.jp/impact/
株式会社野村総合研究所（平本督太郎・松尾未亜・木原裕子・小林慎也・川越慶太）『BOPビジネス戦略－新興国・途上国市場で何が起こっているか』　東洋経済新報社　2010
株式会社野村総合研究所「BOPビジネス先進事例集（成功ファクター分析資料）」（平成21年10月）
   http://www.meti.go.jp/committee/materials2/downloadfiles/g91002a09j.pdf
平本督太郎、「野村総合研究所　アジアBoPリアルリポート」（第1回（2013年1月25日）～第14回（2014年7月9日））、Nikkei BPアジアビジネスオンライン
   http://www.nikkeibp.co.jp/article/asiacolumn/20130117/337225/
株式会社雪国まいたけ
   「グラミン雪国まいたけ」
   http://www.muhammadyunus.org/index.php/japanese/1260-grameen-yukiguni-maitake
株式会社雪国まいたけ・独立行政法人日本貿易振興機構・独立行政法人国際協力機構「バングラデシュのBOP層が栽培したもやし原料の緑豆を日本に向けて初出荷」（2012年12月14日）プレスリリース
   http://www.maitake.co.jp/news/index_02.php
   http://www.jica.go.jp/press/2012/20121214_01.html
Argentini, P. A., 2004, 'Collaborating with activists: How Starbucks works with NGOs,' California Management Review, 47(1), 91-116
Banerjee, A V and Duflo, E 2011, Poor Economics: A Radical Rethinking of the Way to Fight Global Poverty, Public Affairs

BOP Global Network (November 2013), 'Raising the Base of the Pyramid Through Enterprise: Innovative Case Studies of BoP Ventures and Initiatives' http://www.bopglobalnetwork.org/labnetwork_web.pdf

BOP Summit 2013
   http://bop2013.org/
   http://nextbillion.net/blogpost.aspx?blogid=3564

Bridge Ventures 2010, Investing for impact - Case Studies across Asset Classes, Bridge Ventures

Bugg - Levine, A. and Emerson, J., 2011, Impact Investing - Transforming How We Make Money While Making a Difference, Jossey-Bass

Business Innovation Facility, 2012, 'Spotlight on Inclusive Business - Approaches companies use to track their social impact,' July 2012, www.businessinnovationfacility.org

Business Innovation Facility, 2013, 'Inside Inclusive Business - Needs or wants? Unravelling demand, affordability and accessibility when selling to the base of the Pyramid,' August 2012, www.businessinnovationfacility.org

Gollakata, K, Gupta, V. Bork, JT 2010, 'Reaching Customers at the Base of the Pyramid - A Two-Stage Business Strategy,' Thunderbird International Business Review, 52(5)

Gradl, C., Krämer, A and Amadigi, F. 2010, 'Partner Selection for Inclusive Business Models - The Case of Casa Melhor,' Greener Management International, May 2010, Issue 56

Hammond, A L, et al., 2007, The Next 4 Billion: Market Size and Business Strategy at the Base of the Pyramid, World Resource Institute, IFC

Hart, S L 2010, Capitalism at the Crossroads: Next Generation Business Strategies for a Post-Crisis World, 3rd ed. Wharton School Publishing (「未来をつくる資本主義 - 世界の難問をビジネスは解決できるか」スチュアート・L・ハート著、石原薫訳 英治出版 (2012年6月、増補改訂版)

Hystra, 2013, Marketing Innovative Devices for the Base of the Pyramid - Lessons from 15 global pioneers that challenge conventional sales & marketing approaches to successfully serve the market, HYSTRA

JP Morgan 2010, Impact Investments: An Emerging Asset Class

JP Morgan and GIIN 2013 "Perspectives on the Progress: The impact investor Survey", Global Social Finance, Jan 7 2013

Karnani, A. 2005, 'Misfortune at the Bottom of the Pyramid', Greener Management International, 51

Karnani, A 2008, 'Help, don't romanticize the poor', Business Strategy Review, 19(2)

Karamchandani, A, Kubzansky, M and Frandano, P. 2009, Emerging Markets, Emerging Models, Monitor Group

Karamchandani, A, Kubzansky, M and Lalwani, N, 'Is the Bottom of the Pyramid Really for You?', Harvard Business Review, March 2011

Koh, H., Karamchandani, A and Katz, R. 2012, From Blue Print to Scale, Monitor Group

Kuzansky, M, Cooper, A. and Barbary, V. 2011, Promise and Progress, Market Based Solutions to Poverty in Africa, Monitor Group

Li, Y, 2012, 'Beyond the Margin: Redirecting Asia's Capitalism', Presentation material at 35th ADFIAP Annual Meeting, 25th April 2012

London, T., and Hart, S. L., 2010, Next Generation Business Strategies for the Base of the Pyramid: New Approaches for Building Mutual Value, FT Press (「BOPビジネス 市場共創の戦略」テッド・ロンドン、スチュアート・L・ハート (著, 編集)、清川 幸美 (翻訳)、英治

出版（2011年8月））
Maximilian, M., Making Impact Investible, Impact Economy Working Papers, Vol.4, 1st Edition, Geneva 2013（「社会的インパクトを投資可能にする」（2014）、日本語版出版協力・翻訳：笹川平和財団）
Olsen, M. and Boxenbaum, E. 2009 'Bottom-of-the-Pyramid Organizational Barriers to Implementation', California Management Review, 51(4)
Oxfam International, Oxfam Poverty Footprint – Understanding Business Contribution to Development, Briefings for Business No.4, International Edition (November 2009)
http://www.oxfam.org/sites/www.oxfam.org/files/oxfam-poverty-footprint.pdf
Prahalad, C.K, The Fortune at the Bottom of the Pyramid: Eradicating Poverty through Profits, Wharton School Publishing, 2004（「ネクスト・マーケット－「貧困層」を「顧客」に変える次世代ビジネス戦略」（ウォートン経営戦略シリーズ）C.K. プラハラード著、スカイライト・コンサルティング訳　英治出版（2010年7月、増補改訂版））
Polak, P 2008, Out of Poverty – What works when traditional approaches fail, Berrett-Koeler Publishers
Rangan, VK, Chu, M, Petkoski, D., 'Segmenting the Base of the Pyramid', Harvard Business Review, June 2011
Rockefeller Foundation, 2012, Accelerating Impact – Achievements, Challenges and What's Next in building the Impact Investing Industry, Rockefeller Foundation
Smith, C., 2007, Design for the Other 90 %, Smithsonian Institution（「世界を変えるデザイン－ものづくりには夢がある」槌屋詩野監訳、北村陽子訳、英治出版（2009年10月））
Simanis, E., 2012, 'Reality Check at the Bottom of the Pyramid', Harvard Business Review, June 2012（エリック・シマネス「BOP市場の新たなビジネスモデル」DIAMONDハーバードビジネスレビュー、2014年2月号（『日本企業は新興国市場で勝てるか』）（編集部訳））
United Nations Development Programme, 2008, Creating Value for All – Strategies for Doing Business with the Poor, United Nations Development Programme
Whitney, R 2011　'Reframing Design for the Base of the Pyramid' in London, S and Hart, S ed., Next Generation Business Strategies for the Base of the Pyramid, FT Press
World Bank, Doing Business Report

「BOPビジネス研究会」のお知らせ

東京富士大学では、「BOPビジネス研究会」を年に5～6回のペースで開催しております。この本を読み終え、BOPビジネス研究会に参加をご希望される方は、黒田宛てに下記までメールをお送りください。

hideo_kuroda@fuji.ac.jp

【執筆者紹介】

黒田秀雄（くろだ・ひでお）（編著者）……………第1章5節，第3章1, 2, 3, 4, 5節
　東京富士大学経営学部教授

川谷暢宏（かわたに・のぶひろ）……………………………………第1章，第4章
　独立行政法人国際協力機構（JICA），アフガニスタン事務所所員（前・民間連携事業部連携推進課　主任調査役）

関下昌代（せきした・まさよ）………………………………………………第2章
　神奈川大学非常勤講師　キャリアカウンセラー

森辺一樹（もりべ・かずき）………………………………………第3章6, 7, 8節
　スパイダー・イニシアティブ株式会社代表取締役社長　ファウンダー

若林　仁（わかばやし・じん）………………………………………………第4章
　独立行政法人国際協力機構（JICA），東南アジア・大洋州部東南アジア第五課（フィリピン）課長（前・民間連携事業部連携推進課　課長）

■わかりやすい
現地に寄り添うアジアビジネスの教科書
——市場の特徴から「BOPビジネス」の可能性まで——

■発行日——2015年6月26日　初版発行　　　〈検印省略〉

■編著者——黒田秀雄
■著　者——川谷暢宏・関下昌代・森辺一樹・若林　仁
■発行者——大矢栄一郎
■発行所——株式会社　白桃書房
　　　　〒101-0021　東京都千代田区外神田5-1-15
　　　　☎03-3836-4781　📠03-3836-9370　振替00100-4-20192
　　　　http://www.hakutou.co.jp/

■印刷・製本——藤原印刷株式会社
■編　　集——メディアポート

Ⓒ Hideo Kuroda, Nobuhiro Kawatani, Masayo Sekishita, Kazuki Moribe,
　Zin Wakabayashi 2015
　Printed in Japan　ISBN978-4-561-22654-3 C3034

本書のコピー，スキャン，デジタル化等の無断複製は著作権法上での例外を除き禁じられています。本書を代行業者等の第三者に依頼してスキャンやデジタル化することは，たとえ個人や家庭内の利用であっても著作権法上認められておりません。

JCOPY　〈(社)出版者著作権管理機構　委託出版物〉
本書の無断複写は著作権法上での例外を除き禁じられています。複写される場合は，そのつど事前に，(社)出版者著作権管理機構（電話 03-3513-6969，FAX 03-3513-6979，e-mail：info@jcopy.or.jp）の許諾を得てください。

落丁本・乱丁本はおとりかえいたします。